Símbolos Gráficos

Blucher

Coleção Pensando o Design
Coordenação
Marcos Braga

Símbolos Gráficos
Métodos de avaliação de compreensão

Eliana Formiga

Símbolos Gráficos: Métodos de avaliação de compreensão
2011 © Eliana Formiga
Editora Edgard Blücher Ltda.

Blucher

Publisher Edgard Blücher
Editor Eduardo Blücher
Editor de desenvolvimento Fernando Alves
Diagramação Join Bureau
Capa Lara Vollmer
Projeto gráfico Priscila Lena Farias

Rua Pedroso Alvarenga, 1245, 4º andar
04531-012 – São Paulo – SP – Brasil
Fax 55 11 3079 2707
Tel 55 11 3078 5366
editora@blucher.com.br
www.blucher.com.br

Segundo Novo Acordo Ortográfico, conforme 5. ed. do *Vocabulário Ortográfico da Língua Portuguesa*. Academia Brasileira de Letras, março de 2009.

Todos os direitos reservados
pela Editora Edgard Blücher Ltda.

É proibida a reprodução total ou parcial por quaisquer meios, sem autorização escrita da Editora.

Ficha Catalográfica

Formiga, Eliana
 Símbolos gráficos: métodos de avaliação de compreensão / Eliana Formiga. – São Paulo: Blucher, 2011. – (Coleção pensando o design / coordenação Marcos Braga)

 ISBN 978-85-212-0646-0

 1. Design 2. Comunicação visual 3. Marcas comerciais I. Braga, Marcos. II. Título. III. Série.

12-03898   CDD-745.4

Índices para catálogo sistemático:
1. Marcas: Design coorporativo: Artes   745.4
2. Sinalização: Design corporativo: Artes   745.4

Prefácio

O presente volume é uma revisão crítica da dissertação *Ergonomia Informacional: compreensibilidade de símbolos para inalização de hospitais públicos e unidades de saúde no Rio de Janeiro* defendida em 2002, no programa de Pós-graduação em Design da Pontifícia Universidade Católica do Rio de Janeiro, PUC-Rio, sob a orientação da Professora Anamaria de Moraes.

Todo tema de pesquisa que tenha como objetivo contribuir para a melhoria da comunicação visual de informação sobre serviços de utilidade publica é louvável e deve ser divulgado à sociedade.

Os símbolos gráficos, e em particular os pictogramas, quando bem projetados, facilitam o entendimento da informação. São mais rápidos para compreensibilidade que os textos escritos e podem ser comunicáveis para uma gama diversificada da população de um país ou de vários países que tenham códigos culturais diferentes.

O texto de Eliana Formiga trata da compreensibilidade de símbolos gráficos em ambiente hospitalar. Por meio de aplicação rigorosa de métodos de avaliação desses símbolos e de identificação dos significados atribuídos a eles pelos usuários, Eliana Formiga revela que há muito ainda o que fazer e aprender sobre o projeto desses símbolos por parte até mesmo dos próprios designers. Essa revelação torna o presente livro importante fonte para auxiliar a conhecer esta peculiar comunicação visual para os que a desconhecem e se interessam pelo campo do design da informação, e contribui, para os que nele atuam profissionalmente, com o desenvolvimento do conhecimento de seu campo.

A Coleção Pensando o Design cumpre assim um dos seus objetivos ao dar espaço para textos que tragam informação e pesquisa sobre temas do vasto campo de atuação do design contemporâneo.

Marcos da Costa Braga
São Paulo, 2012

*Aos meus filhos Eduarda e Andrei,
às minhas netas Julia e Letícia e
aos meus alunos.*

Agradeço à Anamaria de Moraes, amiga e orientadora que me incentivou em muitas conquistas acadêmicas;

aos colegas professores que participaram de alguns testes como especialistas;

à Claudia Mont'Alvão e Laura Bezerra Martins, componentes da minha banca de mestrado que recomendaram minha dissertação para publicação.

Por fim, agradeço a Marcos Braga pelo convite de edição deste livro.

Conteúdo

1 Pensando o design da informação *15*

2 Comunicação e informação por meio dos signos *21*

   2.1 História dos signos *21*

   2.2 Definição Geral e Explicação do Signo, conforme Elizabeth Walther-Bense *23*

   2.3 Relação triádica *24*

   2.4 Três dimensões da semiose *25*

3 Ergonomia informacional *27*

   3.1 Cognição, repertório, entendimento *27*

   3.2 Modelo Communicação-Processamento Humano da Informação (C-HIP) *28*

   3.3 Imagem x palavra *31*

   3.4 Classificação dos símbolos *32*

   3.5 Classificação e recomendações para o design de símbolos *35*

   3.6 Contexto da pesquisa *39*

4 Métodos, técnicas e testes para avaliação da compreensibilidade de símbolos *41*

   4.1 Métodos de pré-seleção (BRUGGER, Cristof, 1994) *42*

   4.2 Método de produção *43*

4.3   Teste de compreensão   45

    4.3.1   Procedimento de teste usado na pesquisa de Brugger em 1994   47

    4.3.2   Apuração de resultados   47

4.4   Método de reidentificação   48

    4.4.1   Método similar ao de reidentificação   49

    4.4.2   Avaliação e resultados   51

4.5   Teste de eleição   51

    4.5.1   Pesquisa de Brugger, 1994   51

    4.5.2   Estudo de Krampen & Sevray   53

4.6   Teste de classe de adequação   53

    4.6.1   Pesquisa de Cristof Brugger, 1994   53

    4.6.2   Avaliação e resultados   54

4.7   Teste de distribuição de classes de adequação   54

    4.7.1   Procedimento e avaliação   55

4.8   Teste de estimativa de compreensibilidade   55

    4.8.1   Pesquisa de Brugger – 1994   56

    4.8.2   Apuração dos resultados   59

    4.8.3   A pesquisa de Olmstead, 1994   59

    4.8.4   Avaliação   60

    4.8.5   Resultados   60

4.9   Teste de correspondência   63

4.10   Métodos de pós-ocupação: observação, questionários e reidentificação   64

    4.10.1   O Estudo de Car, 1973   64

    4.10.2   Estudo de Kishnami   66

4.11   Teste de procedimento da ISO 9186   67

4.12 Processo de avaliação de símbolos em três dimensões: semântica, sintática e pragmática do AIGA, baseado em Charles Morris   69

    4.12.1 O projeto de Portland, 1996   74

5 Métodos e técnicas da pesquisa   77

5.1 Técnicas usadas na pesquisa   77

    5.1.1 Questionário para designers   77

    5.1.2 Levantamento de símbolos em hospitais públicos e privados   78

    5.1.3 Levantamento de símbolos em livros   79

    5.1.4 Reprodução dos símbolos coletados para teste de pré-seleção   80

    5.1.5 Seleção de símbolos para serem levados a teste de pré-seleção   85

    5.1.6 Aplicação de testes piloto   89

    5.1.7 Preparação do material para aplicação dos testes de acordo com os métodos escolhidos e escolha dos locais   90

5.2 Métodos usados na pesquisa   91

6 Aplicação dos testes e seus resultados   93

6.1 Resultados dos questionários   93

6.2 Teste de pré-seleção   95

6.3 Aplicação dos testes   95

6.4 Teste de produção   97

    6.4.1 Resultados por conceito   98

6.5 Teste de compreensão   105

6.6 Teste de reidentificação   115

    6.6.1 Resultados   117

6.7 Teste de estimativa de compreensibilidade   *125*

    6.7.1   Resultados   *128*

7 Conclusões   *137*

7.1 Observações de comportamento e comentários   *137*

7.2 Comparação dos índices alcançados no Rio de Janeiro com os usuários de serviços públicos com os graus de aceitação propostos pelas Normas ISO   *141*

7.3 Considerações finais   *142*

7.4 Lições aprendidas   *143*

7.5 Metodologia referendada nessa pesquisa podendo ser utilizada por outros pesquisadores mesmo com símbolos diferentes e usuários diferentes   *144*

Referências bibliográficas   *145*

Pensando o design da informação

Pensar o design nos mostra uma perspectiva possível de contribuir com a sociedade, buscar soluções inovadoras e acolher o usuário lhe dando segurança e conforto através da informação eficiente.

Pesquisando métodos que avaliem a compreensão do usuário, quer seja na localização de um espaço, no uso de um produto ou nas advertências de um serviço, o design amplia seu escopo e reforça o projeto centrado no usuário.

O texto aqui apresentado é parte de uma pesquisa de mestrado que foi realizada com os usuários de hospitais e serviços públicos de saúde da cidade do Rio de Janeiro com o objetivo de avaliar a compreensibilidade de símbolos gráficos usados na sinalização desses locais e de verificar a diferença de entendimento de acordo com a cultura do usuário.

A pesquisa foi baseada em métodos científicos de ergonomia informacional para avaliação de compreensibilidade levando em consideração símbolos nacionais e internacionais e questionários feitos com designers. Os métodos utilizados foram o de produção, o de compreensão, o de estimativa de compreensibilidade e o de reidentificação.

Trata-se de uma dissertação com uma proposição fundamentada numa experimentação para resolver um problema específico que é desdobrado em subproblemas, relacionados entre si, que são:

- a ineficácia da sinalização de hospitais públicos e unidades de saúde do Rio de Janeiro devido à ausência de símbolos ou uso de símbolos inadequados, os quais podem resultar em desorientação dos pacientes e visitantes;
- a desorientação que pode resultar em *stress* e perda de tempo para pacientes, visitantes e funcionários;

- a falta de pesquisa de avaliação e normatização deste assunto direcionadas à cultura e repertório do usuário carioca destes locais;
- a falta de avaliação, por parte dos designers, da compreensibilidade dos usuários nos projetos de sinalização; e
- a necessidade de mensagens visuais claras e não dependentes de palavras em unidades de saúde.

Esta pesquisa parte da hipótese de que o design apropriado dos símbolos, considerando a avaliação por usuários de diferentes culturas, influencia o seu valor como informação pública para facilitar a comunicação; e tem como variáveis independentes os símbolos gráficos a serem testados, e como variáveis dependentes a compreensão dos mesmos símbolos gráficos, medidos dentro de uma escala de valores estipulados.

Os sujeitos da pesquisa são os usuários dos hospitais públicos do Rio de Janeiro, dando ênfase aos usuários externos: pacientes. Não foi feito nenhum teste com visitantes e fornecedores.

Foi escolhido um número mínimo de 50 (cinquenta) entrevistados, de acordo com a norma ANSI Z535.3 (American National Standard), que sugere esse número para pesquisa de compreensibilidade, como amostra representativa de uma população.

O objetivo principal da pesquisa foi o de facilitar a movimentação **dos usuários dos hospitais e** estabelecimentos de saúde tanto para pacientes e visitantes como para o corpo médico, administrativo e de serviços.

Os objetivos secundários consistiram em:

- realizar testes comparativos de estimativa de compreensão, entre os símbolos recomendados pelas normas ISO, pela AIGA, por Todd Pierce para padrão mundial, pelos testados por Wendy Olmstead, pelos mais usados nos hospitais públicos do Rio de Janeiro e seus elementos constitutivos, com o público alvo (usuários cariocas destes locais em questão), a partir dos níveis ergonômicos para que não haja interferência de outros fatores.
- verificar através de entrevistas e questionários, quais as fontes que os designers gráficos usam na coleta de dados, como escolhem os elementos gráficos de um

símbolo a ser desenhado e como avaliam os símbolos utilizados em um projeto de sinalização.

Os objetivos operacionais consistiram em pesquisar símbolos usados para área hospitalar tomando como base:

- símbolos recomendados pela norma ISO (International Standard Organization) e pela AIGA (American Institute of Graphic Arts) para uso internacional;
- símbolos usados comumente na sinalização mundial de estabelecimentos de saúde;
- símbolos testados na pesquisa de OLMSTEAD (1994), nos EUA, China e Japão;
- símbolos propostos para padronização mundial usados no projeto de Todd Pierce (1996) para sinalização da cidade de Portland;
- símbolos encontrados em uso em hospitais públicos do Rio de Janeiro (municipais, estaduais e federais).

Foi intenção da pesquisa propor recomendações de acordo com os resultados dos testes para uso nas sinalizações de hospitais e serviços de saúde.

Hospitais públicos e privados e serviços de saúde são locais onde a afluência de público é muito grande e em situação de stress, seja por ser paciente ou visitante. A boa sinalização de um hospital ajuda o fluxo das pessoas e facilita o serviço do *staff* (médicos, atendentes e pessoal da administração). Para isso, a utilização dos símbolos é essencial, visto que o nível cultural, educacional e etário dos pacientes e visitantes é muito diverso, principalmente no hospital público – tipo de serviço escolhido para a pesquisa.

Conforme Adrian Frutiger (1997), um dos fatores mais importantes na sinalização direcional na atualidade reside na consideração do que se chama "temor a los umbrales" (fobia de lugares fechados). A disposição psicológica do indivíduo que busca seu caminho é diferente quando se encontra dentro ou fora de um espaço fechado. Estando fora, seu poder decisório está intacto e o entorno visível representa para a pessoa um referencial seguro. Mas, basta penetrar a primeira vez em um edifício, que este perde a segurança de sua própria capacidade de decisão e se vê forçado a procurar assistência e guia de outros. Busca em primeiro lugar alguém que o receba e de quem obtenha as indicações pertinentes para prosseguir seu caminho.

Os estudos para unificação internacional de sinalização ocorreram primeiramente na área da sinalização rodoviária devido à necessidade pelo crescimento do turismo e com isso o uso constante de estradas e ruas por motoristas estrangeiros. A carência desta sinalização adequada e internacional ocasionava grandes e contínuos desastres, fator primordial para a urgência da pesquisa e desenvolvimento de símbolos tanto para alertar as situações estranhas das estradas como para recomendar procedimentos e ações que o motorista deveria efetuar. Para hospitais e serviços de saúde, as tentativas de internacionalização de sinalização do Comitê ISO e da AIGA não foram bastante divulgadas e/ou fundamentadas devido às diferenças culturais entre os diversos países e à falta de consciência dos governos desta necessidade.

Como Brugger, 1996, nos relata em seu artigo sobre normalização de símbolos, os testes para sua avaliação e conseqüente aceitação internacional são onerosos, o que dificulta os procedimentos adequados a cada conjunto de símbolos. Algumas avaliações têm sido feitas para grupos de símbolos gráficos direcionados a uma atividade industrial quando são patrocinadas por uma empresa interessada.

Conforme estudo de Rupert Jensen & Associates, em um hospital típico de 800 leitos sem sinalização adequada, cerca de 8.000 horas são gastas por ano pelo staff dos membros do local dando informações aos visitantes. O custo da instalação de um bom sistema que corrige essa ineficiência é recobrado em um período curto de tempo. (John Follis e Dave Hammer, 1979)

Selecionar o símbolo ou palavra apropriada para a implementação ou padronização é desafiador devido ao repertório diversificado da audiência. A maioria dos usuários da sinalização de hospitais é paciente e visitante, seu conhecimento médico é diferente do dos funcionários da área médica.

Uma larga variedade de símbolos pictográficos para referentes similares ou idênticos foram criados e são usados na sinalização de hospitais ao redor do mundo. Eles objetivam superar a barreira da linguagem e requerem menos espaço do que o texto quando várias línguas se fazem necessárias.

Conforme Tonya Smith-Jackson e Michael Wogalter (2000), "A ergonomia cultural (cultural ergonomics/human-factors – CE/HF) é uma abordagem que considera situação e características baseadas nas variações entre as culturas. Várias características e fatores ambientais que variam de acordo com a cultura têm sido mostrados que influenciam a percepção de risco, comportamento perante o risco e obediência tanto como outros processos e comportamentos. Quando aplicamos uma abordagem CE/HF para pesquisa de informação de segurança, vemos que os pesquisadores deveriam ter atenção cuidadosa no planejamento e implementação das atividades de pesquisa. É preciso discutir metodologias, estratégias de recrutamento e resultados que são considerados quando estamos projetando a pesquisa para produzir a aplicação de cruzamento cultural."

Com a globalização e migrações internacionais, os grupos de trabalhadores e de consumidores estão cada vez mais diversificados. O design de informação de segurança é cada vez mais responsável por comunicar claramente perigos, consequências e instruções para uso seguro.

Para isso ele deve considerar as necessidades e capacidades de todos os seus usuários. Para efetivamente proteger os trabalhadores, as informações de segurança não devem apenas refletir o entendimento comum, mas também os valores culturalmente diferentes.

Pesquisadores, por sua vez, têm que evitar pesquisas que tenham consequências e resultados negativos o que perpetuaria diferenças nas divisões e estigmatização de grupos.

O Design carece de mais pesquisa, pois sendo uma profissão relativamente recente academicamente e a sociedade em constante mudança, o design precisa ser visto de formas diferentes, assim como sua prática profissional. O Design precisa de mais questionamentos quanto à função e métodos assim como de olhares diversos. O discurso que se ouvia dos professores desde a década de 70 de como o Design deve estar presente nas decisões estratégicas de uma empresa começa a ser efetivo apenas no século XXI, muito por conta do nosso acanhamento e direcionamento da profissão apenas para projetos. As pesquisas já estão presentes além do âmbito acadêmico, nos departamentos de P&D de grandes multinacionais. O pensamento de design, *design thinking*, começa afinal a ser divulgado e reverenciado. Os designers estão conseguindo por fim participar das tomadas de decisão gerenciais e da inovação dos produtos.

2

Comunicação e informação por meio dos signos

A comunicação é essencial ao ser humano, tanto no convívio social como na interação com a natureza. A comunicação está no uso dos nossos sentidos. Percebemos, tocamos, ouvimos, lemos, olhamos, cheiramos, degustamos mensagens. A teoria da informação e a semiótica tratam a comunicação sob aspectos diferentes. A teoria da informação preocupa-se com a elaboração da mensagem enquanto a semiótica estuda os signos e seus significados.

A compreensibilidade da mensagem visual através de símbolos busca na teoria da informação e na semiótica conceitos que lhe permite ser mais eficiente e eficaz. Neste capítulo abordamos um resumo da história dos signos, definição de conceitos e classificações principalmente de algumas palavras que seu uso corrente vai modificando seus verdadeiros significados, são elas: ícone, signo, sinal, índice, símbolo, pictograma, símbolo gráfico e logograma.

2.1 História dos signos

"A história dos pictogramas começa 5.000 anos antes da antiga escrita e continua em direção ao futuro incorporando sempre novas mídias", conforme Yukio Ota.

Um resumo da história dos signos escrita por Yukio Ota, em Pictogram Design, 1987 nos traz um panorama rápido da evolução dos pictogramas e sua presença desde as pinturas das cavernas dos homens primitivos às luzes de diodo dos relógios digitais.

Sua expansão atravessou as culturas orientais e ocidentais e se solidificou como uma linguagem internacional e ágil atingindo ou tentando atingir todas as pessoas com educação, idade e cultura diferentes.

Na idade pré-histórica, os caçadores do período Aurignacian desenhavam imagens cuja similaridade com o real era necessária, pois elas eram o ponto de partida para a mágica, onde o desenho e o original tinham que representar um só. As pinturas foram sendo simplificadas gradativamente e os desenhos passaram a ser usados como símbolos.

Depois dos selos humanos, os pictogramas foram usados para calendários, manuais de eventos anuais e mapas celestiais. Quando a história começou a ser registrada, o homem já era um astrônomo de 20.000 anos de experiência.

Os pictogramas evoluíram para os hieroglifos egípcios e as inscrições em cascos de tartaruga na antiga China. Os caracteres cuneiformes descobertos na Mesopotâmia datam de 5.000 A.C., escritos em placas de argila com caules de junco.

A escrita cuneiforme e os hieroglifos são incomparáveis pelo alto grau de legibilidade que eles possuem, sendo capazes de sofrer grandes reduções devido à simplicidade e clareza das suas formas.

> Uma parte desses símbolos evoluiu para exprimir a linguagem assumindo a função de escrita como símbolos fonéticos. Os caracteres chineses são exceções desta evolução, tanto por ainda estarem em uso, como porque fazem parte de uma comunicação simbólica, onde cada símbolo significa uma palavra que é formada por uma sílaba e talvez essa seja a razão por que se manteve, sem se transformar em escrita fonética; são os únicos caracteres antigos ainda em uso. Os caracteres chineses foram absorvidos pelo Japão e Korea porém sofreram grandes transformações para a linguagem silábica. (Yukio Ota, 1987)

Nestes últimos 300 anos, várias tentativas foram feitas para criar um método universal de comunicação retornando aos símbolos simples usados pelo homem primitivo. Inovações como os símbolos do Sistema Internacional de Educação de desenhos tipográficos (ISOTYPE) criado por Oto Neurath nos anos 20 e os símbolos semantográficos projetados por Charles Bliss nos anos 40 inspiraram uma crença *widespread* que o simbolismo é a melhor e mais efetiva ferramenta para dar e receber informação internacionalmente.(Todd Pierce, 1996)

Outros autores como Ota, OtlAicher, Martin Krampen, Frutiger, Dreyfuss, Liungman, Modley, Todd Pierce, Wolgalter, Zwaga pesquisaram o assunto que muito fascina a humanidade com a esperança de romper as barreiras dos idiomas e das culturas dos milhares de povos e tribos que habitam hoje o nosso planeta. O uso dos ícones, pictogramas e símbolos gráficos-conceituais como signos de informação democratiza a informação e facilita a comunicação entre as diversas culturas.

2.2 Definição Geral e Explicação do Signo, conforme Elizabeth Walther-Bense, 2000

Em todas as ciências, na arte, na vida quotidiana com todos os seus multiformes setores, por toda parte, signos são formados, usados, reformados, mudados e consumidos. Por meio de signos tudo se pode exprimir, representar, é possível comunicarmos a outros (e nos mais diversos campos da sensação física) aquilo que nos parece oportuno, e que podem ser: coisas, propriedades de coisas, relações, eventos, conhecimentos, sentimentos, processos, desejos, sonhos etc.

Cada signo empregado é, ele próprio, uma coisa material. Não existe um signo apenas pensado, que possa ser signo independentemente de uma realização, pois quem pensa alguma coisa, pensa em signos que aprendeu e pode levar à expressão. A questão de ser possível pensarmos sem signos, e a outra, de saber se o pensamento precede o signo ou vice-versa, na verdade nem sequer pode ser levantada, embora continuamente a encontremos na história da semiótica. Se por signo entendemos uma relação triádica, baseamo-nos na contemporaneidade das suas partes e portanto o signo, como meio, é contemporâneo do objeto designado e do interpretante.

Signo algum pode aparecer sozinho, independentemente de outros signos. Não é possível falarmos de um signo isolado, singular; pois se todo signo deve ser interpretável, isso significa que ele é explicável por meio, pelo menos, de um outro signo. Mas tendo em vista que a explicação de um signo é, por sua vez, ainda um signo, o qual, por sua vez, pode ser explicado, as explicações sucedem-se ao infinito e, em linha de princípio, segundo Peirce, delas jamais se chega ao fim. Porém na prática exigimos apenas poucas explicações, visto que na maioria das vezes, na comunicação quotidiana, já compreendemos, ou pensamos compreender, mediante uma indicação, aquilo que o outro quer dizer por meio dos signos empregados. Na ciência, ao contrário, na qual os signos devem ser usados com exatidão e univocidade, são eles introduzidos ou explicados mediante rigorosas definições, ou então comparecem em fórmulas, nas quais sua função ou seu significado são estabelecidos por meio da relação com outros signos. Quando essas fórmulas são de tipo mais universal, falamos então de teoremas ou teses da ciência. Finalmente, é possível introduzir signos plenamente determinados em sistemas de axiomas, com base nos quais podemos deduzir os teoremas do sistema.

Se nenhum signo pode atuar independentemente dos outros, consequentemente todo signo é um elemento de um repertório de signos, isto é, pressupõe uma multidão de outros signos, à qual ele pertence. (2000 p.6)

2.3 Relação triádica

Peirce vê o signo, seu interpretante e seu objeto como uma relação triádica. Cada elemento é dependente do outro, e só pode ser entendido em relação com os outros. O signo se refere a algo além de si mesmo – o objeto, e é compreendido por alguém: em outras palavras, tem um efeito na mente do observador – o interpretante. (*apud* Cavalcanti, 2001)

Essa relação apresentada por Peirce aponta para uma relação entre o representamen, a parte visível do signo, o objeto, a que o signo se referencia, e o interpretante (o significado da – relação representamen/objeto).

Sem que se aprofunde em demasiado nas classificações estabelecidas por Peirce, é relevante que se destaque que cada um dos elementos do signo é desmembrado em três categorias, de acordo com o grau de associação de cada um com o signo, que também são três: primeiridade, (associação imediata), secundidade (associação por contigüidade) e terceiridade (associação por convenção). (Epstein, 1985 e Nöth, 1995, *apud*, Cavalcanti, 2001)

Assim, a primeira tricotomia, estabelecida entre o representamen e o signo divide aquele em qualissigno, sinsigno e legissigno. O qualissigno é exemplificado pela cor, textura, luz, isto é, elementos do representamen discriminados de imediato. O sinsigno trata de associações, como uma linha a uma cor, uma forma; é uma transição. Finalmente, o legissigno se refere a uma lei incorporada no signo, é um tipo "geral", um objeto singular. Por exemplo, uma palavra.

A segunda tricotomia é a respeito da relação do signo para com seu objeto, podendo ser denominado ícone, índice ou símbolo. O ícone possui com o seu objeto uma relação de semelhança direta, como uma foto, um desenho realista, a forma, etc. Já o índice se associa ao objeto por contigüidade, por associação. É como a fumaça indicando fogo, ou uma biruta, mostrando a direção do vento. O símbolo, por fim, é uma associação com o objeto por meio de convenção, norma. Exemplos de símbolos são o alfabeto, os números. Uma imagem pode ser símbolo, se for convencionada dessa forma. Por exemplo, uma pomba branca pode ser tida como símbolo de paz.

A terceira tricomia dá-se pela relação do signo com seu interpretante. Cabe esclarecer que interpretante não é o intérprete do signo, o indivíduo; mas a geração de significações que o signo pode estimular. Ocorre em três níveis: rema, dicente (ou dicisigno) e argumento. No rema, as possibilidades de interpretação do signo são amplas, o grau de incerteza é elevado. No dicente, há a eliminação de possibilidades e o nível de especulação quanto ao significado se reduz. Já o argumento permite uma conclusão; o significado é compreendido, sem possibilidade de dúvida. Ao olharmos um quadro, identificarmos a imagem e associá-la ao objeto que ele representa é um exemplo do processo rema-dicente-argumento. Nem sempre, porém, chega-se ao fim do processo, e a significação final não é atingida pelo indivíduo. Ocorre quando não se entende o significado de uma placa de trânsito ou mesmo de uma piada, por exemplo.

2.4 Três dimensões da semiose

Segundo Charles Morris (1939, *apud* Costa, 1994), os três correlatos da semiose e as três dimensões da semiótica são: sintática, semântica e pragmática.

1. O aspecto sintático trata do domínio da sintaxe; inclui a relação entre signos.
2. O aspecto semântico trata do domínio da semântica; concerne às relações entre os signos e seus significados.
3. aspecto pragmático é o estilo individual que trata da relação entre os signos e seus criadores, os signos e seus emissores, os signos e seus receptores.

As normas ISO (International Standartization Organization) 3461/1976 para desenho de símbolos ampliam as dimensões de Morris com mais um aspecto, o sigmático que trata da relação entre os signos e aquilo que os signos representam.

Concluindo com um texto de Elizabeth Walther-Bense, "Os signos são criados e usados para atingir certos escopos, para executar determinadas *tarefas:* pretende-se por meio deles, dar expressão a algo, representar algo e comunicá-lo a outrem. E já que toda e qualquer coisa pode ser explicada em signos, existem os mais diversos signos, os quais -como já ficou claro em nosso apanhado histórico – servem para a *expressão*, ou seja, *a formação, para a representação, ou seja, a informação*, e para a *transmissão*, ou seja, a comunicação.

Ergonomia informacional

3.1 Cognição, repertório, entendimento

A resposta e a percepção do usuário aos símbolos são condicionadas por características físicas e psicológicas conhecidas como fatores ergonômicos. Para haver compreensão correta da mensagem é necessário que o usuário domine o respectivo repertório ou que a mensagem seja tão clara que a relação com o objeto, ação ou idéia seja feita imediatamente.

Nós também precisamos ~~saber~~ conhecer os processos cognitivos que estão por trás da interpretação dos símbolos: como as pessoas codificam, interpretam e usam os símbolos. Nós precisamos saber a sintaxe da escrita pictórica.

Com respeito ao uso potencial do método de comunicação visual, Kolers (1969) conclui que: "deveria ser claro que as pretensões da imediaticidade e direcionamento da compreensão de pictogramas e especialmente as pretensões da linguagem instantânea são drasticamente excessivas".

Se acordo com Bozizio (1977): "Comunicar é transportar alguma coisa. Esta coisa é a informação, simples ou complexa, contida na mensagem." Num senso restrito, a informação não designa nem um objeto nem as características de um objeto, mas a característica de diversas características.

"Daí, o valor de utilidade de uma mensagem ser função do grau de informação nela contida, que será tanto maior quanto mais capaz for de modificar o comportamento do receptor." Bozizio (1977)

Esse grau ou teor de informação não é função necessariamente do "tamanho" da mensagem, mas sim, da função direta da novidade ou originalidade da informação e função inversa do seu grau de redundância.

De acordo com Bozizio (1977) temos dois casos extremos de não comunicação da mensagem, que correspondem à total previsibilidade ou imprevisibilidade total dos signos pelo receptor da mensagem. No primeiro caso ter-se-á uma mensagem absolutamente redundante, certamente compreensível para o receptor, mas que, infelizmente, não trará nenhuma informação a mais. Por outro lado, a utilização de um signo novo, original, externo ao repertório do emissor será incompreensível. Deste modo, em ambos os casos, não haverá intercâmbio de informação.

Para Nojima (1999), os interlocutores, emissor e receptor, são os responsáveis pela produção do enunciado, resultado da elaboração mental do conteúdo da mensagem expresso por sinais perceptíveis ao receptor, chamados signos, que, obviamente, compõem os códigos.

O signo exerce a mediação entre o pensamento e o mundo em que o homem está inserido. Os signos podem ser entendidos como intermediários entre a nossa consciência subjetiva e o mundo dos fenômenos. Pensamos com signos e em signos. O pensamento existe na mente como signo, mas para ser conhecido precisa ser extrojetado pela linguagem. A expressão do pensamento é circunscrita pela linguagem.

Os códigos são constituídos por signos e obedecem a um conjunto de regras básicas que compõem a especificidade das linguagens, como, por exemplo, a dança, a música, os fonemas da língua, as letras do alfabeto, os números, o código de trânsito.

O usuário tem que manter com os signos relações diferentes de tradução, já que são representações diferenciadas, o que complica a sua compreensibilidade.

O repertório do usuário: cultura, costumes, vivência no contexto, experiência com o equipamento ou similares influencia o grau de compreensão que ele tem do símbolo. Depois de um aprendizado básico da tradução do símbolo, o seu reconhecimento é mais rápido e eficaz. Este usuário passa a notar detalhes da informação.

É importante examinar os processos psicológicos envolvidos no reconhecimento e na compreensão das imagens pictóricas.

3.2 Modelo Communicação-Processamento Humano da Informação (C-HIP)

Para que a eficácia das imagens seja maximizada podemos nos basear no Modelo *Communication-Human Information Processing* (C-HIP) de Wogalter et al. (1999, cap.2), misto de modelo

Ergonomia informacional

comunicacional e de processamento humano de informação onde o processo mental do receptor se desdobra em várias fases subseqüentes: Notabilidade e Atenção; Memória e Compreensão; Crenças e Atitudes; Motivação e por fim Comportamento.

Figura 3.1 – Modelo de Comunicação-Processamento Humano da Informação

Sintetizando e adequando cada etapa para medir a compreensibilidade dos símbolos pictóricos, podemos explicar de uma forma simples:

Fonte – é a entidade transmissora inicial da informação. É preciso estar ciente da mensagem a ser transmitida, de preferência simples.

Canal – está relacionado ao modo como a mensagem é transmitida, da fonte ao receptor. Etapas relativas ao receptor:

Notabilidade e Atenção – é essencial que a informação seja notada e chame a atenção do usuário.

Memória e Compreensão – é essencial que o usuário lembre ou entenda o significado da mensagem.

Crenças e Atitudes – a mensagem transmitida deve estar conforme à crença e moral do usuário pois só assim ela será confiável.

Motivação – a mensagem deve motivar o usuário a usá-la.

Comportamento – para que a mensagem tenha um valor efetivo é preciso que o usuário obedeça a mensagem, tendo seu comportamento adequado a ela.

A Motivação e o Comportamento irão estar baseados no fator Compreensão que é, para nós, o objeto principal de estudo e também na coerência da informação, relatada acima. Devemos considerar também as diferenças de compreensão de acordo com fatores humanos como: gênero, idade, nacionalidade e experiências pessoais. Esses fatores são preocupação da Ergonomia Cultural.

Conforme Tonya Smith-Jackson e Michael Wogalter (2000), a ergonomia cultural (cultural ergonomics/humanfactors – CE/HF) é uma abordagem que considera situação e características baseadas nas variações entre as culturas.

Com a globalização e migrações internacionais, os grupos de trabalhadores e de consumidores estão cada vez mais diversificados. O design de informação de segurança é cada vez mais responsável por comunicar claramente perigos, consequências e instruções para uso seguro. Para isso ele deve considerar as necessidades e capacidades de todos os seus usuários. Para efetivamente proteger os trabalhadores, as informações de segurança não devem apenas refletir o entendimento comum, mas também os valores culturalmente diferentes.

É importante examinar os processos psicológicos envolvidos no reconhecimento e na compreensão das imagens pictóricas. A frequência de encontrar um pictórico e a adequação ao seu contexto são mais importantes para entender um símbolo abstrato que um concreto. Interpretação de símbolos concretos pode recrutar recursos envolvidos em interpretar o mundo real. Os abstratos invocam referentes só no nível conceitual, enquanto os concretos invocam objetos específicos ou exemplares. A experiência cultural e do contexto podem representar um papel importante na compreensão de pictóricos. Pode-se constatar isso nos exemplos do pictograma de trem onde se usa a imagem da locomotiva antiga que é mais característica. Também no exemplo de aviso que pode indicar a natureza do acidente ou sua consequência: curva perigosa ou local escorregadio.

Os pictogramas só são efetivos se são familiares, e se fazem familiares só quando são empregados consistente e universalmente. Considere-se o sinal de Pare. Virtualmente todo o

Ergonomia informacional

mundo no planeta o reconhece. Porque está em todas as partes; e em todas as partes onde aparece tem praticamente o mesmo aspecto. Se o padrão internacional de pictogramas vai se tornar efetivo universalmente deverá ser empregado consistentemente em todo o mundo. Esse é o objetivo. Para alcançá-lo devemos ter a preocupação de assegurar sua legibilidade, fomentar o reconhecimento público e permitir flexibilidade com respeito às condições do entorno e problemas de desenho específicos.

Figura 3.2 – O Contorno característico das placas de PARE em vários países com fundo sempre vermelho.

3.3 Imagem x palavra

Pesquisas mostram que o processamento e a memorização de imagens são mais efetivas que palavras. De acordo com Pavio (1986) existem duas memórias distintas: a verbal e a visual. Sujeitos foram capazes de identificar perto de 90% de 2560 imagens apresentadas a eles durante alguns dias.

Estudos feitos por David L. Mayer e Lila F. Laux (1990) mostram, no entanto, que o símbolo relacionado com a escrita traduz a mensagem de maneira mais eficaz. Naturalmente, concluímos que a escrita reforça o sentido do símbolo ou dissipa uma dúvida que o sujeito possa ter quanto ao símbolo.

Em princípio, símbolos gráficos têm vantagens claras sobre as mensagens escritas. Símbolos têm linguagem livre; um símbolo é suficiente para apresentar uma informação acessível a todos, sem precisar o conhecimento da língua. Comparando com uma mensagem escrita do mesmo tamanho, um símbolo pode ser visto de uma distância maior. Um símbolo também ocupa menos espaço numa embalagem do que a mensagem escrita equivalente. Dependendo do seu design, muitos símbolos são mais resistentes a deformações perceptivas resultantes de reduções ou baixa qualidade de impressão do que um texto. Isto acontece muito em mapas, em tabelas de tempo ou em impressões sobre vários tipos de materiais em embalagens (Edworthy and Adams, 1996).

De acordo com Kolers (1969, p. 360) "pictogramas não podem substituir totalmente um alfabeto lingüístico nem são um caminho mágico para a comunicação internacional". Eles estão restritos a identificar e localizar objetos e instruções convenientes. Um problema é que não existe um vocabulário pictográfico. Kolers sugere que o que nós precisamos não é de um dicionário de figuras, mas do conhecimento de tipos de informação que diferentes culturas têm encontrado com uso conveniente das imagens.

De acordo com Johnson (1980, *apud* Gorni, 1996), a questão da projetação de símbolos gráficos deve ser dividida em dois pontos distintos: aquele relativo ao "o que mostrar", ou seja, o conteúdo do símbolo e o relativo ao "como mostrar", ou seja, a forma de apresentação do símbolo. Conforme este mesmo autor, a percepção e decodificação das imagens variam de acordo com a experiência visual do usuário. A principal característica de um símbolo eficiente, considerando seu conteúdo apropriado, é a sua "economia visual". Esta também é recomendada pela norma ISO que especifica que um símbolo gráfico deve ser tão simples quanto possível. Esta simplicidade, porém, não pode prescindir da correta decodificação de seu significado.

3.4 Classificação dos símbolos

Martin Krampen (1979) criou uma nomenclatura dividindo os símbolos gráficos em fonogramas = símbolos que representam sons, que são as letras que compõem o alfabeto de um idioma e logogramas = símbolos que representam uma palavra ou um conceito, independentes dos sons de uma língua. Rudolf Modley (1969), baseado em Krampen, criou um sistema de classificação simples dos símbolos gráficos.

Ergonomia informacional

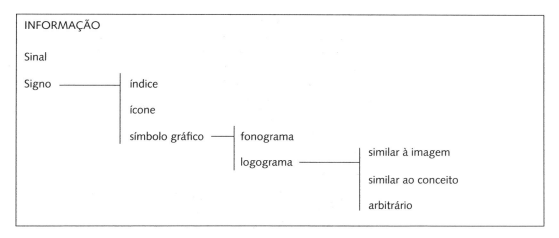

Figura 3.3 – Classificação de Rudolf Modley

– Sinal: é a concretização ou suporte físico da mensagem. Suporte da informação e dos signos. A distinção dos dois conceitos é muito difícil e provavelmente possível apenas no plano abstrato.

De acordo com W. Meyer-Eppler (1969), convém distinguir entre sinais uma ou mais funções:

1. Sinais de registro linear (código Morse);
2. Sinais de registro plano (sinais de trânsito);
3. Sinais de registro espacial (esculturas e método Braille);
4. Sinais produzidos por um sistema, de procura praticamente pontual, aonde o contexto é conhecido ou indiferente para as necessidades da informação;
5. Sinais produzidos por um sistema, de procura praticamente pontual, que são ao mesmo tempo suporte das informações escalonadas no tempo;
6. Sinais produzidos por um sistema, de procura não pontual, mas que são ao mesmo tempo suporte das informações escalonadas no tempo;
7. Sinais de registro espacial que são suportes das informações escalonadas no tempo.

– Signo: é o sentido específico da mensagem.
O signo abrange seu significante (parte física da mensagem) e seu significado (porção decodificável da mensagem).

Signo, uma marca distinta ou emblema que expressa um significado definido mas que não tem relação óbvia, espontânea. Ao contrário do sinal, o sentido exprimido não é determinado pela forma do símbolo.

Os signos são divididos em: índice, ícone e símbolo.

– Índice tem relação de continuidade entre o significante e o significado na decodificação da mensagem. Ex: o chão molhado é índice de que choveu. É a percepção por meio da relação com a experiência.

– Ícone é um signo que se refere diretamente entre seu significante e significado. A percepção se dá através da relação imediata com o objeto. Ex: quando o signo usado é uma fotografia, estátua, mapa.

– Símbolo é um signo criado pelo homem e relacionado com idéias.

Os símbolos são divididos em fonogramas (comunicação verbal) e logogramas (comunicação nãoverbal).

– Fonogramas são signos que representam sons ou letras específicos, por exemplo: A, Z, ~.

– Os logogramas representam palavras, objetos ou conceitos e se dividem em: símbolos similares a imagens, também chamados de pictogramas; símbolos similares a conceitos e símbolos arbitrários.

– Símbolos similares a imagens ou pictogramas: desenho esquemático que corresponde por semelhança ao objeto real. São considerados auto-explicativos. Imagem que representa um objeto real, mas que, para corresponder a uma informação clara e rápida, foi estilizado ou estereotipado. A percepção se dá por meio da relação direta com o objeto.

Ex: a imagem de um telefone para indicar a existência de um telefone público no local; um lápis para demonstrar a ferramenta que traça linhas num *software*.

Um pictograma é um tipo de símbolo gráfico que faz com que as pessoas entendam seu significado por meio do uso de uma forma expressando o que significa. O pictograma é um tipo de símbolo/imagem. A característica do pictograma é ser uma transmissão efetiva que pode ser entendida imediatamente e internacionalmente sem estudos anteriores.

– Símbolo de relação conceitual: se refere mais especificamente ao conceito inerente ao objeto, do que ao objeto propriamente dito. Ex: desenho da água sobre o fogo demonstrando um extintor.

– Símbolo arbitrário: não possui qualquer semelhança com o objeto ou conceito a que se refere. Exs: letra P (*parking*) numa placa circular com uma faixa vermelha atravessando-a diagonalmente e usada no Brasil onde o P passa a significar a palavra Parar; ou uma placa circular vermelha com uma faixa larga e curta horizontal que transmite o conceito de contramão

Convém ressaltar divergências da semiótica quanto a esta classificação, principalmente na definição e divisão dos símbolos gráficos. De acordo com Laura Bezerra Martins (2002) um pictograma é um tipo de ilustração utilizada nos sistemas de sinalização, de conteúdo semântico, portadora de uma síntese visual, que tem como princípio eleger o que mais reflete o objeto que está sendo representado, podendo, esta representação, ser de natureza icônica, indicial ou símbólica. A apreensão se dá de acordo com o maior grau de iconicidade com o objeto representado. Portanto, é de natureza icônica a representação gráfica de um lápis para demonstrar a ferramenta que traça linhas num *software*, de natureza indicial a representação da água sobre o fogo e de natureza simbólica o "P" com uma faixa representando "proibido estacionar".

Vale a pena mencionar também o artigo de Tomás Maldonado publicado na revista eletrônica Agitprop, onde ele cita a tentativa de C. W. Morris de unificar uma terminologia para os diferentes tipos científicos de discurso em comunicação.

A informação visual usada na interação homem/espaço (sinalização), homem/equipamento ou homem/computador (HCI) tratada na ergonomia engloba ícones e todos os três tipos de logogramas.

3.5 Classificação e recomendações para o design de símbolos

Conforme Dewar (1994), um número grande de tentativas têm sido feitas para desenvolver um sistema classificatório de sistemas para organizar e classificar símbolos.

Algumas categorias importantes parecem ser: arbitrário/abstrato x pictórico/concreto; análogo; exemplares.

As classificações podem também ser por: forma; função; referente; ou mapeando referentes.

Os símbolos, hoje em dia, são divididos em 5 categorias principais:

- industrial e ocupacional (em estação de trabalho);
- representando métodos (máquina e instrução);
- serviços públicos (transporte, hospital, museu, turismo);
- área do conhecimento (música, física, astronomia);
- atividades particulares (esporte).

Existem inúmeras vantagens no uso de símbolos para informação:

- podem ser classificados e identificados a grandes distâncias e mais rapidamente;
- podem ser identificados mais acuradamente num relance;
- podem ser vistos melhor em condições adversas de visibilidade;
- podem ser entendidos por pessoas que não lêem a língua;
- podem ser detectados mais rapidamente que palavras;
- são mais compactos;
- podem ser multidimensionais incorporando características de cor, sombra, tamanho e suas combinações.

A norma International Standard Organization (ISO) 7001 trata especificamente de símbolos para informações públicas. Segundo a norma, os elementos estruturais básicos de um sinal são: símbolo, fundo e moldura.

As recomendações da norma ISO/TR7239 são:

- somente aqueles detalhes que efetivamente possam contribuir para uma melhor compreensão dos símbolos devem ser incluídos no seu desenvolvimento gráfico;
- silhuetas são preferíveis aos contornos. Caso se imponha a necessidade de utilização dos contornos, é recomendado que o interior do desenho do símbolo seja diferente do fundo. Esta diferenciação deve ser, prioritariamente relacionada com cores e padrões;
- símbolos com simetria são preferíveis aos assimétricos;
- o projeto de um símbolo que conduz a informações direcionadas (como setas) deve permitir a inversão deste direcionamento: conflitos devem ser evitados;
- símbolos que são similares em altura e largura são preferíveis aos símbolos cuja figura é alongada e estreita.

A razão de proporção entre altura e largura não deve ser superior a 4:1;
- o dimensionamento de detalhes importantes dentro do desenho do símbolo (m) deve ser de, pelo menos, 1 mm para cada metro de distância de visão (D). Como consequência, m>= 0,001D;
- onde não há interferência de outros elementos visuais, a largura da linha de detalhes importantes do desenho do símbolo (w) não deve ser menor que 0,5 mm para cada metro de distância de visão. Assim, recomenda-se que w >= 0,001D;
- os símbolos devem ser apresentados dentro de uma moldura quadrada. Em situações específicas, molduras circulares, triangulares ou com forma de diamante podem ser utilizadas. A distância entre a extremidade do símbolo e a extremidade interna da moldura não deve exceder 1,5 cm ou 2,5 cm, se as extremidades são paralelas. Também é recomendado que as bordas da moldura do símbolo sejam arredondadas;
- o tamanho do símbolo (z) deve ser geralmente especificado como o comprimento da extremidade interna da moldura quadrada. Recomenda-se, para melhor legibilidade que z = 0,012D, baseado na hipótese de que o símbolo esteja locado dentro de 15º dentro da linha de visão.

Conforme Todd Pierce (1996) relata em seu livro The International Pictograms Standard, lá pelos anos 70, 28 sistemas de pictogramas estavam em uso no mundo. Porém somente 9 desses compreendiam uma normatização consistente graficamente e apropriada ao reconhecimento internacional. Em 1974, o American Institute of Graphic Arts (AIGA) comissionado pelo U. S. Department of Transportation (DOT) e suportados pela National Endowment for the Arts estabeleceu um comitê para desenvolver um sistema uniforme e simples de reconhecimento internacional.

O comitê AIGA, encabeçado por Thomas H. Geismar, desenvolveu critérios para avaliação de sistemas existentes. A meta era estabelecer uma coleção de símbolos consistentes e inter-relacionados para servir de ponte entre as barreiras das linguagens e simplificar mensagens básicas para serviços de transporte pelo mundo. Por meio de uma ampla divulgação, aceitação e uso, este conjunto normatizado de signos viria a ser o mais usado sistema de pictogramas no mundo.

Kolers propõe o uso de características marcantes e diferenciadas, mais fáceis para o reconhecimento que a fotografia. A estilização envolvida é o uso de elementos essenciais do objeto relativo à sua função.

De acordo com Lin (1992), existem três diferenciações de um objeto que o designer pode aplicar no desenho do símbolo: forma, imagem e função.

Easterby (1969) sugeriu um número de considerações que determina a percepção e o reconhecimento do símbolo, baseado na pesquisa de percepção: boa definição de contorno; estabilidade de figura/fundo; integração visual dos elementos e alta descriminação.

Podemos subtrair alguns pontos comuns apresentados aqui pelos designers, ergonomistas e normas internacionais. Os símbolos devem ser:

- simples e claros;
- devem ter elementos gráficos de fácil identificação e boa legibilidade;
- devem ter um bom contraste entre figura e fundo;
- devem ter uma identidade comum ao projeto;
- devem ser adequados ao contexto, principalmente ao ambiente e ao usuário;
- devem ser visíveis a uma boa distância;
- devem ser compostos por desenhos familiares ao usuário; e
- de preferência estarem dentro de uma moldura (borda) quadrada.

É clara a necessidade de coordenar esforços de designers, ergonomistas, psicólogos e especialistas da visão para aperfeiçoar a qualidade de pesquisa e eficiência/eficácia de símbolos para informação pública.

Por fim, convém realçar que todos concordam que deveriam ser feitos testes para avaliar a compreensibilidade de cada um deles. Usando as palavras de Johnson, não basta saber "como mostrar", é preciso saber "o que mostrar".

3.6 Contexto da pesquisa

Nesta pesquisa, os testes foram feitos com símbolos de maneira isolada, pois o objeto de estudo foi a avaliação do grau de compreensão de cada um deles e da eficiência na mensagem ao usuário específico.

No decorrer do texto usaremos as palavras "símbolo" e "símbolo gráfico" para todas as figuras incluídas no universo dos métodos de avaliação, sejam elas símbolos de semelhança, relação conceitual ou arbitrários.

4

Métodos, técnicas e testes para avaliação da compreensibilidade de símbolos

Relacionamos neste capítulo diferentes métodos, técnicas e testes já comprovados em pesquisas internacionais que podemos utilizar para medir o grau de compreensibilidade de símbolos (ícones, pictogramas, símbolos gráficos e símbolos de relação conceitual) tanto para sinalização quanto para informações de avisos e advertências em embalagens e equipamentos, com usuários de um determinado serviço (público-alvo). Alguns desses métodos são recomendados na Norma ISO 9186-2000 para testar símbolos públicos.

1. Métodos de pré-seleção
2. Método de produção
3. Teste de compreensão
4. Método de reidentificação
    4.1. Método similar ao de reidentificação
5. Teste de eleição
6. Teste de classe de adequação
7. Teste de distribuição de classes de adequação
8. Teste de estimativa de compreensibilidade
    8.1. A pesquisa de Olmstead, 1994
9. Teste de correspondência
10. Métodos de pós-ocupação: observação, questionários e reidentificação
    10.1. O Estudo de Car, 1973 – testes de laboratório e de campo em Boston
    10.2. O estudo de Nirmal Kishnami, 1994 – pesquisa no aeroporto de Stansted
11. Teste de procedimento da ISO 9186
12. Processo de avaliação de símbolos do AIGA
    12.1. O projeto de Portland, 1996

4.1 Métodos de pré-seleção (BRUGGER, Cristof, 1994)

O primeiro item abordado em qualquer experimento para medir o grau de compreensão é a dificuldade de seleção das imagens a serem testadas de acordo com os conceitos desejados. Como existem muitas variantes para cada conceito, e não é possível testá-las todas; um método preliminar é necessário para reduzir o número de símbolos por conceito.

Um método baseado em valores de escala categórica (Torgerson, 1960, *apud* Brugger) simplifica a pré-seleção dos símbolos, escolhendo por eleição os melhores símbolos para serem testados. Numa avaliação cultural cruzada com procedimentos de testes aplicados por Easterby e Zwaga em 1976, foram encontradas inconsistências em rankings de preferência, incluindo-se ser recomendável selecionar sempre três (3) variantes de cada conceito, o que dá fundamenta melhor os testes.

Teste de compreensão e reconhecimento: consiste em perguntar aos sujeitos quais os significados desses símbolos escolhidos. Este teste de compreensão e reconhecimento, um método "papel-lápis" com símbolos apresentados randomicamente em pequenas folhas, mostra ser mais efetivo não só pelo grau de compreensão correta das variantes, como medida de qualidade, mas também para dar informação adicional nos resultados enganosos dos elementos visuais que atrapalham a interpretação correta do símbolo.

Teste de comparação onde os sujeitos têm que indicar quais os símbolos, dentro de um conjunto, que melhor se relacionam com a função especificada. Este teste não garante informação suficiente para justificar as altas exigências nas pesquisas de campo.

Resultados significativos foram mostrados no uso correlacionado entre os três métodos de pré-seleção.

Os 145 comitês técnicos da ISO vêm trabalhando desde 1972 para aperfeiçoar símbolos de informação pública. Depois de rever todas as pesquisas feitas por todo o mundo até esta data, o grupo de trabalho concordou com alguns procedimentos propostos para serem aplicados no exame de símbolos com intuito de normatização básica de símbolos baseada em métodos científicos. Aspectos como legibilidade e visibilidade foram omitidos nos procedimentos de teste, pois já existe um manual especial de princípios para o design e a aplicação de símbolos de informação pública (ISO 1984).

Conforme as recomendações da ISO para selecionar símbolos para normatização, a pré-seleção baseada em *scores* de estimativa é mais eficiente para testar símbolos de informação pública.

O método de pré-seleção das imagens a serem testadas, recomendada por Brugger (1994), tem por objetivo diminuir as variantes para cada conceito (referente) facilitando a aplicação dos testes. Deve-se reduzir a um mínimo de 3 imagens e a um máximo de 10 imagens.

4.2 Método de produção

Neste método formativo, os participantes da pesquisa reproduzem em desenho, conceitos que foram expressos verbalmente ou por escrito numa pré-apresentação. É muito importante que os respondentes entendam que seus desenhos não estão sendo julgados e sim servindo como base para conceituar novos desenhos.

As fichas, formato A7 (Figura 4.1), têm acima de cada conceito escrito um espaço suficiente para a ilustração correspondente a ser feita e uma capa com dados para preenchimento de acordo com os objetivos da pesquisa como, idade, gênero, profissão, bairro e cidade onde mora, etc.

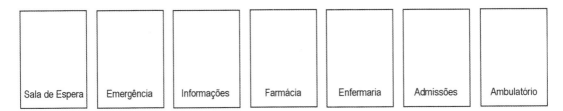

Figura 4.1 – Exemplo das fichas feitas para a pesquisa com usuários de hospitais públicos.

O objetivo deste método é a análise das variações de repertórios de imagens relacionadas aos conceitos de acordo com a cultura, nível social ou intelectual dos participantes. Ele pode ser usado também para avaliar em percentagens a maior dificuldade ou facilidade de desenhar cada conceito; como também para análise de conteúdos que permite estimar quais os elementos gráficos que são usados com maior frequência para exprimir cada conceito e os que fazem parte do repertório do usuário.

Em tais casos, a probabilidade de que um símbolo gráfico empregado em um desenho seja compreendido pelo usuário, pode ser incluída cifrando-a em percentagens. Pelo contrário, quando as frequências de um elemento de um símbolo gráfico indicam apenas certa tendência nesta direção podem se fazer unicamente recomendações provisórias ou alternativas sobre sua aplicação no desenho.

Usado pela primeira vez por Krampen na Exposição Mundial de Montreal, em 1969, o questionário continha conceitos em três (3) idiomas (francês, inglês e espanhol). Esses conceitos se referiam a locais e situações considerados importantes para viajantes, comerciantes, usuários de produtos e máquinas, como também para educação sanitária direcionada à população analfabeta (Aicher; Krampen, 1979).

Para a ilustração dos 20 conceitos eleitos, os participantes no ensaio empregavam um tempo médio de 30 minutos. A avaliação consistia em:

a. recontar o total de ilustrações por pessoa;
b. conceitos x dificuldade de representação;
c. elementos gráficos usados com maior freqüência – análise de conteúdos.

O experimento mostra que o método denominado de produção pode ministrar fundamentos suscetíveis de serem aproveitados como princípios para formalização de símbolos gráficos ou imagens pictóricas (Figura 4.2).

Exemplos obtidos na pesquisa de mestrado. (Formiga, 2002)

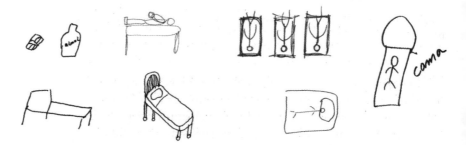

Figura 4.2 – Exemplos de resultados do teste com referente *enfermaria*.

É evidente a importância da cama como elemento gráfico para denotar Enfermaria se somando à presença da pessoa acamada. É um bom ponto de partida para um conceito de enfermaria, seja pictograma, ilustração ou foto.

4.3 Teste de compreensão

O teste de compreensão mostra o grau de entendimento correto de cada símbolo e é sem dúvida o procedimento de teste mais importante no desenvolvimento de símbolos para informação pública. Dados qualitativos deste procedimento podem dar subsídios aos designers para escolha mais adequada das variantes. O importante é que para cada sujeito seja apresentado só um símbolo para cada conceito, para não haver comparação.

Deve-se fazer o teste com um mínimo de três (3) variantes e um máximo de seis (6) variantes para cada referente. Cada variante é escolhida para um grupo de teste diferente. Cada imagem com 3 x 3 cm é impressa em preto num cartão formato A7 (7,4 x 10,5 cm). Os símbolos de um grupo direcionados a um sujeito são colados ou grampeados num bloco de teste. Uma folha de rosto com título é também usada para registro da idade e sexo do sujeito ou outras especificações desejadas, uma página de instrução e um exemplo. Os símbolos são arranjados em ordens diversas. Cada sujeito fica com um bloco para escrever abaixo de cada símbolo, sua interpretação do significado. Existem duas situações de teste: o contexto de uso é informado ou não.

A pontuação do teste é feita de acordo com a tabela de Brugger:

Essa categorização (Tabela 4.1) deve ser realizada com cada um dos avaliadores trabalhando com independência, cada avaliador examinando a função e o(s) campo(s) de aplicação do referente correspondente, bem como os exemplos de categorização fornecidos. As normas ISO 9186 (2001) recomenda três (3) avaliadores para cada referente. Quando os juízes não concordam com uma classificação, ela será pontuada de acordo com a maioria e não média. Observação: podem ser empregados avaliadores diferentes para diferentes referentes.

Tabela 4.1 – Categorias de resposta para avaliação com os pontos correspondentes para o teste de compreensão de acordo com Brugger (1994).

Entendimento correto do símbolo como certo = 6 pontos – (probabilidade estimada de compreensão correta superior a 80%)
Entendimento correto do símbolo como provável = 5 pontos – (probabilidade estimada de compreensão correta entre 66% e 80%)
Entendimento correto do símbolo como provável marginalmente = 4 pontos – (probabilidade estimada de compreensão correta entre 50% e 65%);
A resposta é oposta ao significado desejado = 3 pontos
A resposta é errada = 2 pontos
A resposta dada é não sei = 1 ponto
Nenhuma resposta é dada = 0 pontos

Para cada símbolo, sua avaliação é a média aritmética dada pelos seus pontos alcançados. Neste teste cada sujeito dá sua resposta apenas para uma variante por referente. Este teste deve ser aplicado com pelo menos 5 pessoas respondendo a cada símbolo, total de sujeitos igual a cinco vezes o número de opções de símbolo de cada referente. Para um símbolo obter uma aceitação de 100% é necessário que sua média seja 6. Se uma variante excede o critério de aprovação de 66% das respostas, ela será usada como base para imagem padrão.

Nesta pesquisa consideramos o grau de 66% de acerto para ser comparado com as respostas dos outros testes. "A taxa de aceitação nesse teste é geralmente 66% para informações públicas e de 85% para informações específicas e de segurança." (Edworthy e Adams, 1996)

Exemplo de um caderno: Página 1: Dados do sujeito e instruções; Página 2: pictograma de emergência; Página 3: ambulatório, Página 4: informações, Página 5: enfermaria, Página 6: admissões; Página 7: sala de espera, Página 8: farmácia.

Métodos, técnicas e testes para avaliação da compreensibilidadede símbolos

Figura 4.3 – Exemplo de caderno.

4.3.1 Procedimento de teste usado na pesquisa de Brugger em 1994

O uso do teste de compreensão

É um teste para verificar objetivamente o grau de compreensão do símbolo. É o procedimento mais realista. Neste teste podemos verificar os elementos que estão sendo usados erradamente ou de uma maneira incorreta. Às vezes as respostas dadas são opostas ao significado pretendido.

4.3.2 Apuração de resultados

Por meio de um exemplo (Tabela 4.2) podemos verificar a importância do julgamento dos 3 juízes já que algumas respostas podem ter interpretação dúbia. Como os sujeitos só respondem a um símbolo do referente, e a distribuição é feita randomicamente, diminui o número de resultados por símbolo, diferente dos outros métodos onde os sujeitos respondem a todos os símbolos do teste.

Tabela 4.2 – Exemplo de pontuação de resultados.

EXEMPLO DE CONTAGEM DE RESULTADOS PARA TESTE DE COMPREENSÃO – REFERENTE – EMERGÊNCIA					
Referência dos sujeitos	JUIZ 1	JUIZ 2	JUIZ 3	PONTUAÇÃO
SÍMBOLO 1				
1	4	4	5	4
11	2	2	2	2
16	1	1	1	1
23	3	3	3	3
29	3	2	2	2
32	1	1	1	1
46	2	3	3	3
47	2	4	4	4
				Média 2,50 Se 6 = 100% 2,50 = 41,66%
SÍMBOLO 2				
4	5	5	2	2
17	4	4	4	4
26	2	3	3	3
27	3	5	3	3
35	4	4	6	4
43	4	2	2	2
48	5	5	5	2
53	3	3	4	4
				Média 3,00 50,00%

4.4 Método de reidentificação

Outro método que pode ser utilizado para a formulação de repertórios de símbolos gráficos, a partir de seus usuários potenciais, é o método da reidentificação. Neste caso, se apresenta aos indivíduos participantes do ensaio, uma série de símbolos gráficos para que eles anotem ou falem o significado que sugere cada um deles (Figura 4.4).

Ele costuma ser aplicado em dois momentos:

a – sem exposição prévia mas com apresentação dos símbolos em conjunto;
b – com breve aprendizagem e apresentação dos símbolos isoladamente ou em conjunto.

Este método é muito aplicado em conjunto com outros testes de avaliação ou como teste de pré-seleção.

É possível avaliar por este método a facilidade de compreensão e de memorização de cada conceito x símbolo. Ele pode ser feito através de imagens impressas ou projetadas.

Figura 4.4 – Exemplos de imagens de instrução de uso de colorantes usadas em outra pesquisa pela autora

4.4.1 Método similar ao de reidentificação

Um método similar ao teste de reidentificação foi utilizado por Zwaga (1973). O teste de Zwaga foi realizado com a participação de viajantes de trens holandeses. Consistia em deixar que eles selecionassem 1 de 29 pictogramas, impressos sobre cartolina, da Union Internacional de Estradas de Ferro (UIC) cada vez que o entrevistador nomeava seu significado oralmente.

Os dados obtidos de um total de 11.600 viajantes foram posteriormente classificados por grupos de idade (20 a 39 anos, até 65 e de mais idade) e ordenados em cada um desses grupos em função da freqüência de utilização do trem (superior ou inferior a uma viagem por mês).

Tabela 4.3 – Exemplo de pontuação do teste

TABELA DE PONTUAÇÃO DO TESTE DE REIDENTIFICAÇÃO							
	SÍMBOLOS						
SUJEITOS	1	2	3	4	5	6	7
1	0	0	0	1	0	0	0
2	0	0	1	0	0	1	0
3	1	0	0	1	0	0	0
4	0	0	1	0	0	1	0
5	0	0	0	0	0	0	0
6	0	0	0	1	0	1	1
7	0	0	1	0	0	0	1
8	0	1	0	0	0	0	0
9	0	0	1	0	0	0	0
10	0	0	0	1	0	0	1
11	0	0	1	0	0	1	1
12	0	0	1	1	0	0	1
13	0	0	1	0	0	0	1
14	0	0	0	1	0	0	1
15	0	0	0	0	0	1	1
16	0	0	1	0	0	0	0
17	0	0	0	1	0	0	0
18	0	1	1	0	0	0	0
19	0	0	0	1	0	0	0
20	0	0	1	0	0	0	0
......	......	......	......	......	......	......	......
58	0	0	1	1	0	0	0
59	0	0	0	0	0	0	1
60	0	0	0	1	0	0	1
61	0	0	1	0	0	0	0
62	0	0	0	1	0	0	0
63	0	0	1	0	0	0	0
total de erros	1	2	13	12	2	13	28
acertos	62	61	50	51	61	50	3
acertos %	98,41%	96,82%	79,36%	80,95%	96,82%	79,36%	55,56%
aprovação	SIM	SIM			SIM		

4.4.2 Avaliação e resultados

Podemos criar diferentes pontuações para as respostas deste teste. A mais simples é a pontuação 0 (acerto) e 1 (erro). Podemos criar uma escala com várias pontuações baseada na escala do teste de compreensão, porém esse procedimento causaria complicações, pois as notas têm que ser dadas durante as respostas, a não ser que o teste seja filmado. Temos a opção de vincular as respostas a um tempo máximo (ex. 5 segundos).

Neste teste, as cartas com sua identificação são mostradas ao sujeito, aleatoriamente, uma a uma. Demora-se um tempo máximo de 3 segundos, suficiente para a memorização. Quando o sujeito entende de imediato ou já conhece o símbolo, ele pede para mostrar a carta seguinte. Ao final do baralho ou metade dele, caso façamos o teste com mais de 25 símbolos, mostramos a ele as mesmas cartas sem identificação, com ordem diferente da anterior, para ele dizer, uma a uma, o seu significado. Contamos um tempo máximo de 5 segundos para as respostas. Ao final deste, o sujeito não responde ou arrisca uma resposta. Temos que ter ao nosso lado uma tabela para computar os erros ou acertos.

Este teste não tem valor prefixado de grau de aceitação, pelo que pudemos apurar. Nesta pesquisa consideramos o grau de 87% de acerto, equivalente ao grau de estimativa para aceitação do símbolo no teste.

4.5 Teste de eleição

Outro método aplicado à investigação sobre imagens é o designado teste de eleição. Os participantes no experimento elegem o símbolo que lhes parece preferível para cada conceito entre uma série de símbolos alternativos.

A avaliação por percentual resulta numa ordem de preferência para os símbolos do mesmo conceito. De acordo com o objetivo da pesquisa, deverão ser selecionados 1, 2 ou 3 símbolos eleitos pelo *ranking*. Este teste é muito usado como teste final em experimentos de avaliação ou como pré-seleção (Figura 4.5).

4.5.1 Pesquisa de Brugger, 1994

O teste de eleição foi usado por Brugger na pesquisa feita com 50 sujeitos em Viena, Áustria para testar símbolos para 9 referentes: ambulância, fogo, bombeiros, *check-in* de bagagem, devolução de bagagem, lugar de encontro, integração estacionamento/transporte, polícia, *solarium*.

Figura 4.5 – Avaliação feita por quantidade de votos para cada símbolo.

4.5.2 Estudo de Krampen & Sevray

O teste de eleição foi aplicado na pesquisa internacional da ICTSS – Comitê Internacional de Signos e Símbolos para o Turismo – e na pesquisa subsidiária feita com estudantes de Arquitetura de Stuttgart.

Nesta pesquisa este teste foi usado em dois momentos diferentes: por especialistas na seleção de imagens que seriam levadas a teste e pelos usuários elegendo a imagem pictórica que melhor representasse o referente.

4.6 Teste de classe de adequação

No teste de classe de adequação, o método básico de normatização da ISO-1989 (já modificada), os sujeitos escolhem os símbolos para um referente dado numa ordem descendente de mérito de acordo com a adequação considerada, ou seja um ranking de preferência. O teste é normalmente aplicado em sujeitos de sexo e idades diferentes. As idades são divididas em faixas. Este teste não mostra a qualidade do símbolo, apenas a sua posição relativa no grupo.

As variantes de cada referente são mostradas ao mesmo tempo para o respondente, em cartas separadas ou impressas numa mesma página. O sujeito analisa cada referente e escolhe os símbolos por ordem de preferência, do melhor para o pior. O procedimento é feito para todos os referentes.

4.6.1 Pesquisa de Cristof Brugger, 1994

Este teste foi aplicado na pesquisa de Brugger que foi editada em 1994. Nela, os símbolos foram impressos em preto, com 3 x 3 cm, dispostos centralizados em cartões A7 (7,4 x 10,5 cm). Um código foi colocado no verso. Para cada referente, um cartão com a informação de seu nome, função e campo de aplicação. O sujeito lia a ficha de cada referente e escolhia os símbolos por ordem de preferência que estavam espalhados numa mesa. O procedimento foi feito para todos os referentes. Neste caso os pontos foram computados para cada símbolo numa escala de 0 a 100.

Depois de pesquisa local em vários países foi firmada uma norma internacional ISO 9186: "Procedimentos para desenvolvimento e teste de símbolos de informação pública" (ISO, 1989). Na versão de 2001, este teste não está incluído.

Figura 4.6 – Referente sala de espera

4.6.2 Avaliação e resultados

Os pontos podem ser computados para cada símbolo numa escala de 0 a 100 como Brugger ou também podem ser computados numa escala de 1 até o número igual às unidades. Ex: para 5 variantes a escala vai de 1 a 5; para 7 variantes a escala vai de 1 a 7. Podemos computar o número maior para o símbolo melhor.

4.7 Teste de distribuição de classes de adequação

Este foi o segundo teste aplicado por Brugger (1994), para taxar a adequação dos símbolos em uma escala de 3 pontos de acordo com o método de pré-seleção de Foster (90) para a revisão da ISO 9186.

O teste foi aplicado em sujeitos de sexo e idades diferentes. As idades foram divididas em faixas. Os símbolos foram mostrados impressos em preto com 3 x 3 cm, dispostos centralizados em cartão A7 (7,4 x 10,5 cm). Um código foi colocado no verso. Cada sujeito foi entrevistado individualmente.

Este procedimento traz mais informação que o de classe de adequação que só mostra a posição relativa do símbolo no seu grupo.

4.7.1 Procedimento e avaliação

Os símbolos são postos numa pilha para cada referente, em cima de uma mesa, com o cartão de informação no seu topo. Depois de ler a informação do cartão, o sujeito separa os símbolos da pilha em 3 categorias: altamente adequado; levemente adequado; e não adequado. Pode-se usar as categorias Bom, Regular e Ruim. As respostas são pontuadas com valores de 1 a 3 (Figura 4.7). De acordo com a frequência das respostas de classe 1 (BOM ou altamente adequado) o símbolo é dado como aprovado e analisado comparativamente às outras respostas.

Exemplo abaixo uma das respostas possíveis:

Figura 4.7 – Exemplo de resposta para o referente Farmácia.

4.8 Teste de estimativa de compreensibilidade

Este é um procedimento baseado em estimar a percentagem da população que irá compreender um símbolo de informação pública. Esta estimação é dada por cada sujeito numa escala de 0 a 100%. É um dos testes que fazem parte da nova norma ISO 9186-2001. Este teste foi proposto por Zwaga (1989), usado por Brugger no seu experimento (1994) e por Olmstead (1994). Zwaga propôs que o teste tenha grau de aceitação de 87%. Caso essa taxa seja alcançada, o símbolo não terá necessidade de ser testado por outros métodos. Este teste é de fácil e rápida aplicação. É um teste de opinião, assim como o de eleição.

4.8.1 Pesquisa de Brugger – 1994

Os símbolos foram mostrados da mesma maneira: impressos em preto, com 3 x 3 cm, mas arranjados em um círculo para cada referente, num papel A4 (21 x 29,7 cm) com o nome do referente e sua função impressos no meio do círculo. As páginas de todos os referentes foram coladas num livro-teste com a página de instruções na frente.

Os sujeitos foram instruídos para escrever perto de cada símbolo um percentual da população estimada que iria entender seu significado. Cada símbolo recebeu como pontuação a média de seus percentuais, como fez Zwaga.

Ele é uma boa fonte de informação quando existem várias possibilidades encaminhadas. Ele é fácil de administrar e de processar seus dados rapidamente. Ele costuma ser usado nas fases iniciais do projeto, como avaliação formativa. A informação obtida com o teste embasa decisões como: excelente idéia; possibilidade ou proposta ruim.

Como Zwaga (1989) logo notou e foi confirmado neste estudo, a recolocação do procedimento de classificação pela estimativa de compreensão ésignificativa para aperfeiçoar a eficiência de procedimento de teste da ISO enquanto que o método de distribuição de classes proposto por Foster (1991) abandona muitas informações avaliáveis.

Estimativas de compreensibilidade foram determinadas para predizer a compreensibilidade dos símbolos. Para determinar essa estimativa para um símbolo, os respondentes numa amostra são perguntados a estimar a percentagem da população que eles esperam que irá entender o símbolo. O valor médio das percentagens estimadas é a compreensibilidade estimada do símbolo. Pesquisas de Zwaga (1989) mostraram que símbolos com um percentual estimado de 87% ou mais teriam referência com o *score* de compreensibilidade de 66% definido na norma ISO para símbolos de informação pública (ISO, 1989) para símbolos aceitáveis.

Na nossa pesquisa, levando em consideração a baixa escolaridade de uma faixa de nossos sujeitos, optamos por distribuir as respostas em intervalos de 25/100, isto é, as respostas são dadas de acordo com uma classificação de A a E.

A – Todos irão entender. (Computado o valor de 100%)
B – Muitos irão entender. (Computado o valor de 75%)

C – Metade das pessoas irá entender. (Computado o valor de 50%)
D – Poucos irão entender. (Computado o valor de 25%)
E – Ninguém irá entender. (Computado o valor de 0%)

Cada símbolo recebeu como pontuação a média de seus percentuais, como fez Zwaga. Veja exemplo da aplicação do teste de um referente no modelo de resposta conforme Zwaga:

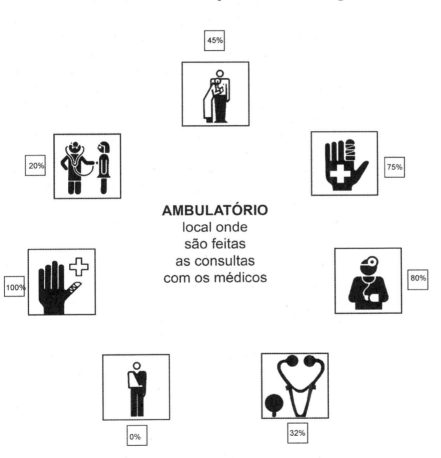

Dê sua estimativa de compreensão dos símbolos acima pelas outras pessoas. Marque numa escala de 0 a 100%.

Figura 4.8 – Modelo Zwaga

Veja exemplo da aplicação do teste de um referente no modelo de resposta conforme Formiga (Figura 4.9).

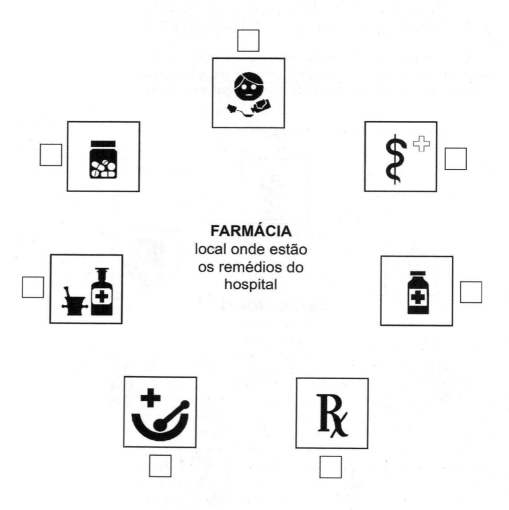

Figura 4.9 – Modelo Formiga

4.8.2 Apuração dos resultados

Apresentamos abaixo um exemplo de apuração dos resultados (Tabela 4.4). Recomenda-se uma amostra de no mínimo 50 sujeitos. Este método pode ser usado como avaliação formativa ou somativa.

Tabela 4.4 – Exemplo de apuração de resultados do método de estimativa de compreensibilidade.

TESTE DE ESTIMATIVA DE COMPREENSIBILIDADE – ENFERMARIA														TOTAL = MÉDIA	TOTAL = MÉDIA
SÍMBOLOS	USUÁRIOS														
	1	2	3	4	15	x	x	x	19	20	21	22	23		
1	100%	50%	75%	0%	50%	x	x	x	87%	50%	75%	100%	100%	73%	
2	100%	100%	50%	75%	100%	x	x	x	95%	75%	75%	100%	100%	87%	aprovado
3	100%	100%	100%	100%	75%	x	x	x	77%	75%	75%	100%	100%	95%	ótimo
4	100%	100%	25%	75%	50%	x	x	x	75%	25%	75%	100%	100%	77%	
5	100%	100%	0%	75%	25%	x	x	x	75%	25%	75%	100%	100%	75%	

4.8.3 A pesquisa de Olmstead, 1994

Num esforço de avaliar soluções a partir de símbolos existentes em serviços de saúde, em 1994, Wendy T. Olmstead desenvolveu uma pesquisa para examinar a dimensão semântica dos símbolos e a diferença dos seus significados quanto ao gênero, idade e nacionalidade dos sujeitos. Escores de compreensibilidade foram obtidos para quarenta e um (41) símbolos no total para sete (7) referentes mais usados na área de saúde. Os locais escolhidos foram Estados Unidos, China e Japão e a metodologia para avaliar o grau de entendimento, foi o processo chamado "estimativa de magnitude ou compreensibilidade".

Foram selecionados símbolos usados em hospitais e unidades de saúde, para que as pessoas relacionassem um termo referente e seu significado, de acordo com a tabela adiante (Tabela 4.5), e serem instigados a estimar a percentagem da população que eles julgariam compreender cada símbolo gráfico. Aqueles cuja média ultrapassasse 87% eram considerados expressivos.

Tabela 4.5 – Explicações para cada referente conforme Olmstead.

Referente	Função
Admissões	Mostrar o lugar onde se faz o check-in
Sala de emergência	Mostrar o lugar onde se consegue socorro imediato
Informações	Mostrar o lugar onde se faz perguntas
Serviços de pacientes externos (ambulatório)	Mostrar o lugar onde você se inscreve para tratamento que não exija pernoite
Quartos de pacientes (enfermarias)	Mostrar o lugar onde ficam os pacientes
Farmácia	Mostrar o lugar onde se consegue os medicamentos
Sala de espera	Mostrar o lugar onde se espera

4.8.4 Avaliação

A amostragem consistiu em pacientes e visitantes de uma unidade médica numa grande área metropolitana dos Estados Unidos, China e Japão, com 45, 72 e 46 voluntários respectivamente. O projeto de pesquisa empregado neste estudo foi um panorama de cruzamento seccional.

O instrumento utilizado foi um questionário com sete (7) questões abertas sobre 41 símbolos gráficos (de 5 a 6 símbolos por referente) e 4 questões de múltipla escolha sobre a razão da visita do usuário, sexo, idade e origem (Figura 4.10). Estatísticas descritivas foram utilizadas para analisar os dados.

4.8.5 Resultados

As perguntas da pesquisa foram elaboradas considerando cada população estudada (Tabela 4.6). A questão 1 analisava quais dos 41 símbolos para 7 referentes eram mais significativos para usuários de unidades de saúde. A questão 2 analisava se existia diferenças de gênero para a classificação dos símbolos mais expressivos. A questão 3 analisava se havia diferenças de idade para a classificação dos símbolos mais expressivos. Uma outra questão foi estudada observando as duas populações investigadas. A questão 4 analisava se havia diferença nos sím-

Métodos, técnicas e testes para avaliação da compreensibilidadede símbolos

Figura 4.10 – Conjunto de 41 símbolos levados a teste.

bolos que foram julgados mais expressivos por cada população.significativamente mais alta de compreensão dos símbolos para as unidades de saúde do que os homens.

Tabela 4.6 – Dados demográficos das três (3) amostras.

	18-24 anos		25-64 anos		+ de 65 anos		
Amostra	masculino	feminino	masc.	fem.	masc.	fem.	Total pessoas
USA	8	7	7	8	9	6	45
China	15	13	21	11	7	5	72
Japão	12	14	11	9		–	46

Estatísticas apenas descritivas ou simplesmente não paramétricas foram usadas para analisar os dados. Para esta análise um símbolo cheio de significado é definido como um símbolo com uma média estimada de 87% ou mais.

Neste mesmo estudo, o grupo de pessoas entre 25 – 64 anos, tanto dos Estados Unidos como da China, classificou um maior número de símbolos como expressivos. O grupo de 18 – 24 se comportou de maneira diferente nos dois países: taxa menor no E.U.A. e igual na China de acordo com o grupo citado anteriormente. O grupo de 65 anos em diante alcançou um índice menor nos dois países. Os resultados são especificados por grupo de idade, gênero e sobre o total da amostra (Tabela 4.7).

Tabela 4.7 – Panorama de número de símbolos que tiverem critérios de aceitação.

Amostra	Grupo de idade			Gênero		Total símbolos
	18-24	25-64	+ 65	masculino	feminino	
USA	9	13	4	4	14	11
China	9	9	5	6	10	8
Japão	–	2	–	1	2	0

A amostra americana classificou 11 símbolos. A amostra chinesa classificou 8 símbolos. No Japão, os índices foram menores em todos os grupos, inclusive chegando a zero para escolha dos símbolos mais expressivos. Não tiveram voluntários para o grupo de 65 anos em diante.

A maior parte dos símbolos gráficos testados nesse estudo estão atualmente em uso. Como foi concluído que apenas 5 dos 41 símbolos testados foram considerados mais significativos apenas para a população da China e Estados Unidos (Figura 4.11), o impacto dessa descoberta é notável. Os 5 símbolos considerados mais expressivos são os únicos conhecidos que traduzem seu referente e funcionam para o que se propõe entre as duas amostras.

Estimativas de compreensibilidade foram determinadas para predizer a compreensibilidade dos símbolos. Para determinar essa estimativa para um símbolo, os respondentes numa amostra são perguntados a estimar a percentagem da população que eles esperam que irá entender o símbolo. O valor médio das percentagens estimadas é a compreensibilidade estimada do símbolo. Pesquisas de Zwaga (1989) mostraram que símbolos com um percentual estimado de 87 % ou mais encontrariam o *score* de compreensibilidade de 66 % definido na norma ISO para símbolos de informação pública (ISO, 1989) para símbolos aceitáveis.

Figura 4.11 – Resultados comuns dos EUA e China

4.9 Teste de correspondência

O teste chamado *matching test* (teste de correspondência) fornece a cada pessoa apenas uma única peça dos dados para um único símbolo. Cada símbolo correto aparece entre 23 outros (ou menos) e é só incluído um de cada símbolo candidato já testado. Assim, de uma matriz de símbolos (Figura 4.12), cada respondente escolhe um símbolo que melhor corresponda ao significado colocado no topo da página. Este método, talvez mais fechado, reflete o processo que uma pessoa passa quando está em um local público como aeroporto ou estação e ela sabe o que procura, escolhendo o símbolo que melhor se relaciona com sua necessidade.

O uso apropriado de cada método de emparelhamento poderia ser um conjunto de símbolos incluindo apenas aqueles sinais que podem razoavelmente ser confundidos com o sinal correto quando usado no contexto.

O teste de correspondência foi um dos métodos usado por Easterby and Zwaga (1976) para avaliar símbolos para a ISO.

espalhando creme

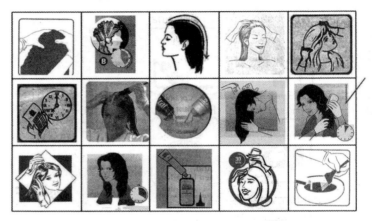

Figura 4.12 – Exemplo de matriz para teste de correspondência.

4.10 Métodos de pós-ocupação: observação, questionários e reidentificação

Existem métodos de avaliação de compreensibilidade que podem ser aplicados em situações de pós-ocupação, isto é: testar a interação e as respostas dos usuários às informações fornecidas pelos símbolos do contexto em questão. Eles podem ser feitos através de observações, questionários ou utilizando os métodos já apresentados anteriormente. Apresentamos a seguir dois exemplos desses métodos com o objetivo de analisar a sinalização: o primeiro, da cidade de Boston – estudo de Carr (1973); o segundo, do aeroporto de Stansted – estudo de Kishnami (1994).

4.10.1 O Estudo de Car, 1973

No teste de pós-ocupação, na cidade de Boston (Stephen Carr, 1973) foram feitos *mock-ups* de novas placas com símbolos para testes. Foram escolhidas duas áreas de muito movimento, com pontos de decisão e com cruzamento: Park Square e Dewey Square. Em um dos testes, observadores marcaram o número de motoristas confusos nas duas áreas experimentais, antes e depois da instalação dos novos sinais. O comportamento considerado confuso foi definido de acordo com critérios restritos (Tabela 4.8).

Tabela 4.8 – Avaliação de confusão de comportamento.

Park Square –	média de 18 exemplos de confusão por hora	antes
	média de 11 exemplos de confusão por hora	depois
Dewey Square –	média de 27 exemplos de confusão por hora	antes
	média de 11 exemplos de confusão por hora	depois

Não foi possível separar os efeitos dos novos símbolos e dos novos sinais para indicação dos nomes de ruas. Claramente, a instalação do sistema total novo resultou em menos confusão nestes cruzamentos.

Um outro teste no estudo de Carr (1973) foi feito a partir de fichas-questionário que foram entregues aos motoristas quando paravam nos sinais vermelhos das duas áreas experimentais da cidade. Das 500 fichas distribuídas na Park Square, 110 retornaram respondidas (pelo correio); das 500 distribuídas na Dewey Square, 70 retornaram respondidas.

Os motoristas reagiram favoravelmente aos novos símbolos. Nas 110 fichas da Park Square, 330 respostas positivas foram checadas, 15 regulares e 71 negativas. Nas respostas das fichas de Dewey Square, 221 positivas, 9 regulares e 21 negativas.

Os novos sinais foram avaliados por testes de laboratório e de campo: o primeiro teste de laboratório foi baseado no método de reidentificação e serviu para medir a taxa de compreensão dos novos símbolos sem exposição prévia e também depois de uma breve aprendizagem. Os resultados indicaram que muitos dos símbolos, mesmo sem legendas ou ajuda, foram imediatamente entendidos. Isto é: 13 dos 22 sinais foram entendidos por mais da metade dos 35 sujeitos, sem exposição prévia. Depois dos símbolos serem mostrados, o entendimento deles foi quase completo.

Em outros dois experimentos, foram medidas as respostas aos slides fotografados de cruzamentos com as duas situações:

sinalização já existente e com os novos símbolos aplicados. Quando foram comparados, os novos símbolos foram também melhor identificados. Este é um teste rigoroso, pois os cruzamentos fotografados são confusos e os sujeitos tiveram que indicar todas as direções (curvas e voltas) permitidas.

Conclusões

Testes de sinalização pública indicaram que, em todos os casos, os novos sinais significaram um aperfeiçoamento quando comparados com os antigos. Estes resultados sugeriram fortemente que uma demonstração em larga escala deste sistema completo é recomendada.

4.10.2 Estudo de Kishnami

No estudo de Nirmal Kishnami (1994) foram feitas observações de comportamento dos usuários nos nódulos de decisão da sinalização do aeroporto de Stansted.

O estudo foi feito a partir da avaliação do sistema de orientação do usuário no Aeroporto de Stansted, pós-ocupação, ou seja, depois da implantação do projeto de sinalização e plena operação do aeroporto.

O comportamento da "procura da informação ou orientação", particularmente em ambientes complexos como aeroportos, é afetado por um sistema elaborado de informação que é ambiental e operacional ao mesmo tempo. A legibilidade do sistema é determinada pela confluência das fontes de informação sobrepostas e pode ser melhor ajustada depois da ocupação do usuário. A base da avaliação da pós-ocupação pode ser feita a partir de cada atributo da sinalização que distingue o ambiente, isto é, a descrição dos grupos de usuários, a relação das partes do prédio, a natureza das suas atividades e a lógica espacial deste design.

O estudo do Aeroporto de Stansted começou com a identificação dos grupos de usuários e seus padrões de movimento através do terminal. O comportamento padrão desses usuários nos pontos cruciais de decisão foiobservado para facilitar a tomada de decisões. Uma lista de recomendações, consistindo em ajustamentos de postes de informação e design de interiores,foi submetida ao time de operação do aeroporto.

O comportamento da procura de orientação é distinguido pelos fatores: segregação do usuário; tempo imperativo; rede de informação. Os usuários foram divididos em grupos: passageiros, visitantes e *staff*. Signos e informações nascem nos pontos de decisão ao longo das rotas de embarque e desembarque dos usuários; eles foram avaliados contra as decisões efetivas que foram tomadas (sinal x decisão).

A avaliação foi largamente baseada nas observações do comportamento dos passageiros se movendo através dos nódulos. Isto foi complementado com um questionário para o usuário e discussões informais com o *staff*.

O estudo começou com um relatório de usuário que focalizava 3 questões principais:

- fácil de se orientar (descobrir o caminho);
- efetividade da sinalização;
- efetividade do sistema de informação de vôo.

Medir a facilidade de orientação (descoberta do caminho) responde o que foi perguntado como foi fácil para eles acharem seus caminhos. Para isto, 7 pontos na escala foram estabelecidos para: 1 = muito difícil a 7 = muito fácil. A efetividade da sinalização e do sistema de informação de voo foram medidas perguntando às pessoas para tachar separadamente outros 7 pontos em escala: 1 = muito ineficiente e 7 = muito eficiente.

Análises de *feedback* mostraram que nenhuma variável de usuário teve uma relação significativa para a avaliação de resposta de orientação. A única exceção para isso foi da resposta "frequência de visitas a outros aeroportos".

4.11 Teste de procedimento da ISO 9186

A Norma ISO 9186, com última atualização até o fechamento da pesquisa em 2001, recomenda alguns métodos e experimentos para conferir a um símbolo o status de "aprovado para uso mundial" que achamos importante mencionar aqui que se caracteriza por três métodos relatados e explicados aqui neste capítulo.

O teste de procedimento descrito na ISO 9186 consiste em três fases:

- Selecionar as variantes do símbolo para teste;
- Testar as variantes selecionadas do referente com teste(s) de estimativa;
- Testar as variantes melhores do símbolo com teste(s) de compreensão.

O teste para avaliação e aceitação de símbolos é como um conjunto de procedimentos interativos. O teste de símbolo resulta de cada fase mostrada acima e caso o símbolo não seja aceito, deverá ser redesenhado e testado novamente.

Fase 1 – Selecionar as variantes do símbolo para teste

O objetivo da primeira fase é coletar para cada referente o maior número possível de símbolos. Um teste de produção (explicado no item 4.1) com o público alvo pode complementar a quantidade necessária. Os resultados do teste de produção podem também inspirar no desenvolvimento de novos símbolos para um referente.

Fase 2 – Testar as variantes do símbolo selecionado com teste(s) de estimativa

O objetivo da segunda fase é selecionar os símbolos mais promissores e diferenciados, coletados na primeira fase para o teste final. No teste de estimativa (explicado no item 4.8) os sujeitos têm que estimar um percentual da população adulta do seu país de origem que, de acordo com sua opinião, entenderá o significado das variantes de cada referente. A média das estimativas dará o *score* final de cada variante. Baseada nos estudos de Zwaga e Brugger, a norma ISO estabelece que é necessário um score acima de 87% no teste de estimativa para o símbolo ser aceito sem restrições. Abaixo de 87%, o símbolo irá para o teste de compreensão e terá assim que alcançar uma taxa maior de 66% de interpretações corretas.

Fase 3 – Testar as variantes melhores do símbolo com teste(s) de compreensão.

Nesta fase os símbolos passam pelo teste de compreensão (explicado no item 4.3) onde é mostrada para os sujeitos apenas uma variante de cada referente, num máximo de 10 referentes, explicado seu contexto de uso, e a partir daí, os sujeitos dos testes terão que escrever o significado do símbolo. Este teste pode ser feito com todos os símbolos que ultrapassaram o grau de aceitação de 87% no teste de estimativa ou com os que não obtiveram esse grau. A taxa de aceitação do símbolo pela ISO do teste de compreensão é de 66% ou mais. Com o teste da terceira fase, o nível de compreensão do símbolo é testado objetivamente. Os resultados deste teste serão usados para se decidir a aceitação ou não para uso do símbolo proposto. O teste de compreensão tem uma desvantagem, pois no caso de só haver um referente para um símbolo ele terá que ser testado independentemente. É recomendada sua aplicação em pelo menos 3 variantes por referente. No caso de muitas variantes, para economizar tempo e dinheiro, pode-se usar um método preliminar para rejeitar alguns símbolos e aplicar os testes em menos variantes por referente. O teste de estimativa pode ser desenvolvido com este propósito.

4.12 Processo de avaliação de símbolos em três dimensões: semântica, sintática e pragmática do AIGA, baseado em Charles Morris

O American Institute of Graphic Arts, em cooperação com o United States Department of Transportation (DOT), Office of Facilitation, criou 34 símbolos orientados para passageiros e pedestres para uso em serviços de transporte. O objetivo do projeto foi produzir um grupo consistente e inter-relacionado de símbolos para quebrar as barreiras entre os idiomas e simplificar mensagens básicas de sistemas de transporte doméstico e internacional. O processo de trabalho atentou para tirar toda a vantagem dos símbolos com conceitos já ampla e fortemente reconhecidos e introduzir novas formas de símbolos apenas onde não existisse conceitos satisfatórios.

Depois de a lista das mensagens ser estabelecida, o projeto foi concentrado em se fazer um inventário dos símbolos existentes que correspondessem a essas mensagens. Desenhos foram coletados vindos de 24 fontes separadas incluindo símbolos desenvolvidos para uso em serviços de transporte como em aeroportos internacionais e linhas de trens, como também para eventos internacionais como olimpíadas e exposições.

A proposta do inventário foi descobrir quais os conceitos mais usados para os símbolos já existentes e onde serianecessário concentrar mais esforços para produzir conceitos mais satisfatórios.

Para empreender o projeto, o AIGA selecionou um Comitê de 5 membros com considerável experiência e interesse no problema para rever o maior número de sistemas de símbolos em uso em todo o mundo, analisar a eficiência de cada sistema baseada na experiência pessoal e desta análise desenvolver um conceito claro para cada área de mensagem, coordenar o desenho dos símbolos e preparar os parâmetros para usá-los.

Cada símbolo existente foi analisado independentemente por cada membro do Comitê. Em suma, cada grupo foi discutido por todo o Comitê e as recomendações chegaram até a decisão com consenso geral. Algumas decisões foram fáceis de serem tomadas, outras provocaram discussão considerável. Essas decisões foram então submetidas ao Comitê Consultivo do DOT para revisão. Este Comitê revisou completamente as recomendações e fez uma determinação para cada, aceitando muitas, revisando algumas e rejeitando poucas. O AIGA então reviu as respostas do painel de trabalho e corrigiu algumas das recomendações.

Foi visto que os conceitos recomendados dos símbolos deveriam passar pelo menos por algumas modificações ou refinamentos para serem incorporados num sistema gráfico uniforme. Outros símbolos necessitaram de conceitos novos ou modificados e consequentemente desenhos originais.

Finalmente, foram encontradas concordâncias em alguns pontos referentes aos símbolos:

- que a efetividade dos símbolos é estritamente limitada;
- eles são mais efetivos quando informam sobre um serviço ou concessão que possam ser representados por um objeto (ex. ônibus). Eles são muito menos efetivos quando usados para representar um processo ou atividade (ex. compra de tickets) porque são interações complexas que variam consideravelmente no modo e mesmo no suporte.

A equipe do AIGA ficou convencida que os símbolos são inúteis para um serviço, a menos que incorporados como parte de um sistema total inteligente de sinalização.

Mais ainda, é mais perigoso sinalizar em excesso (*oversign*) do que sinalizar pouco (*undersign*). Misturar mensagens sobre atividades relativamente insignificantes e concessões com mensagens públicas essenciais enfraquece a comunicação. Apenas as mensagens verdadeiramente essenciais devem ser consideradas.

Os símbolos usados apropriadamente podem ter um importante papel em facilitar a comunicação e orientação em serviços de transportes. Também acredita-se que um sistema de símbolos bem concebido e bem desenhado pode ganhar maior aceitação.

Métodos de avaliação

As avaliações foram feitas de duas maneiras. Usando as páginas do inventário como um guia, foi dada uma cédula para votação a cada membro do comitê, que deu uma nota a todo símbolo individual da coleção, sem discussão com os outros membros. Essa nota deveria estar numa escala de valores de 1 a 5, com a nota 1 representando nenhuma eficácia e a nota 5 representando o grau máximo de eficácia. Cada símbolo foi avaliado nas suas dimensões semântica, sintática e pragmática. Uma nota para cada dimensão.

No manual do AIGA eles concluem: "Todas essas avaliações são, claro, subjetivas. De qualquer modo, elas são baseadas na experiência de vários anos de 5 profissionais com interesses e backgrounds variados".

Para facilitar a tarefa dos membros do comitê e possibilitar a tabulação dos resultados de avaliação dos símbolos, os juízes recebiam o inventário com a relação de perguntas a serem respondidas com as notas.

"A dimensão semântica se refere à relação de uma imagem visual e seu significado.

Quão bem o símbolo representa a imagem?

As pessoas fracassam para entender a mensagem que o símbolo denota?

Pessoas de várias culturas interpretam erradamente esse símbolo?

Pessoas de várias idades fracassam em entender esse símbolo?

É difícil aprender esse símbolo?

Esse símbolo já está pronto para ser amplamente aceito?

Esse símbolo contém elementos que não estão relacionados à mensagem?

A dimensão sintática refere-se à relação de uma imagem visual com outra.

O que parece esse símbolo?

Quanto existe de relação das partes desse símbolo com outro?

Quanto existe de relação desse símbolo com outros?

A construção desse símbolo é consistente no seu uso de figura/fundo, chapado/*outline*, sobreposição, transparência, orientação, formato, escala, cor e textura?

Esse símbolo usa uma hierarquia de reconhecimento?

Os elementos mais importantes são reconhecidos primeiro?

Esse símbolo contradiz seriamente normas e convenções existentes?

Esse símbolo e seus elementos são capazes de aplicações sistemáticas para uma variedade de conceitos inter-relacionados?

A dimensão pragmática se refere à relação de uma imagem visual ao seu usuário.

Pode uma pessoa ver o símbolo?

Esse símbolo é seriamente afetado por condições de baixa luminosidade, ângulo de visão oblíquo e outros ruídos visuais?

Esse símbolo continua visível ao menos ao alcance de distâncias típicas?

Esse símbolo é especialmente vulnerável ao vandalismo?

Esse símbolo é de difícil reprodução?

Esse símbolo pode ser reduzido e ampliado com sucesso?"

Na atualidade, essas dimensões estão relacionadas de maneiras complexas. Todavia, o reconhecimento delas faz com que seja possível isolá-las logicamente e avaliar suas qualidades específicas.

A intenção do Comitê AIGA do começo ao fim foi coletar todas as vantagens do trabalho *done to-date*, construir sistemas existentes, descobrir e assimilar conceitos pregnantes onde eles existem e se concentrar no desenvolvimento de designs originais apenas quando os símbolos existentes não fossem adequados.

Foi entendido que cada símbolo deveria requerer pelo menos algum redesenho para existir uma linguagem visual comum ao sistema. A coluna intitulada recomendações na página do quadro de avaliação reflete o resumo do comitê que foi dado aos designers seguindo a avaliação e subsequentes discussões.

Métodos, técnicas e testes para avaliação da compreensibilidadede símbolos

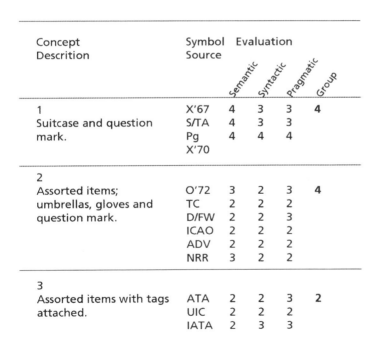

Figura 4.13 – Exemplo de símbolos coletados e notas do Comitê

Recomendações do comitê

Freqüentemente as recomendações propõem experimentação com soluções alternativas. Isto é necessário porque os símbolos são elementos visuais e no final da análise é necessário ver alternativas para julgá-las.

As recomendações não necessariamente correspondem exatamente aos julgamentos expressos nas avaliações. Uma consideração essencial no desenvolvimento dos símbolos deve ser como eles estarão relacionados entre si. As avaliações estritamente numéricas de símbolos existentes podem não atender esses requisitos.

4.12.1 – O projeto de Portland, 1996

Em 1994, devido à expansão da cidade de Portland e à chegada de muitos estrangeiros, foi pedido ao estúdio de Todd Pierce um sistema de pictogramas padrão, com reconhecimento internacional para todas as áreas urbanas públicas (Pierce, 1996).

Como não existia nenhum sistema padrão internacional para uso em todas as áreas públicas de uma cidade, um novo sistema teria que ser criado.

O comitê aprovou uma coleta mundial de signos em uso. Tiveram, assim, que criar um processo de coleta e seleção e depois separá-los em categorias de mensagens.

Então teriam que avaliá-los e selecionar os melhores para fazerem parte do novo sistema. O mais importante é que o sistema deveria ser adotado por qualquer agência e departamento na cidade e agressivamente promovido para que os setores privados também o utilizassem.

Processo de seleção

Seis (6) meses foram necessários para coletar símbolos em separado e sistemas de símbolos. Depois foram criadas categorias de acordo com as necessidades dos usuários dentro de um espaço urbano. O subcomitê distribuiu os livros de teste para 60 agências e departamentos da cidade.

Numa série de reuniões de revisão, os objetivos globais foram debatidos e procedimentos cuidadosamente estabelecidos.

A equipe de design resolveu empregar o processo de avaliação similar ao usado pelo AIGA e DOT em 1974. Critérios de avaliação foram projetados pelos membros do comitê e outros participantes para graduar os pictogramas em 3 dimensões distintas, embora inter-relacionadas: semântica, sintática e pragmática.

Os pictogramas foram representados individualmente nos manuais. Foi pedido aos participantes para fazerem um círculo em volta de suas respostas, numa escala de 1 a 5 para cada uma das três dimensões de design, onde "1" representaria o menor grau de eficácia e "5" representaria o maior grau de eficácia. Foram dadas as definições aos participantes da dimensão semântica, sintática e pragmática conforme o método utilizado pelo comitê AIGA, 1974.

Era importante que o padrão definitivo não incluísse um número nem insuficiente nem exagerado de pictogramas. A intenção era adotar imagens visuais para os tipos de mensagens de orientação e indicação de direções mais comumente necessárias. Sem dúvida, também queriam evitar uma sobrecarga visual, que não faria mais que diminuir a capacidade do público tanto para ver como para compreender mensagens vitais. Pediu-se a todos os participantes, pois, que marcassem cada mensagem/pictograma em seus cadernos indicando se deveriam ou não ser incluídos na normatização final.

Durante o período de dois meses dedicados ao exame e avaliação, foi desenvolvido um programa de *software* que capacitaria processar os dados e calcular automaticamente os resultados. O programa calculava uma pontuação média e convertia esta informação em uma percentagem global para cada uma das três dimensões do desenho. Outra percentagem era formulada baseada na indicação do seu grupo respectivo: se o pictograma / mensagem deveria ser incluído ou não na normatização.

Resultados do estudo

Ao final do processo de exame e seleção, o subcomitê internacional de POVA se reuniu com Todd Pierce para repassar os resultados contabilizados. Havia uma clara disparidade entre os pictogramas que mereciam uma alta pontuação global por sua eficácia e os que foram considerados medíocres. Decidiram então considerar para sua inclusão na padronização tão só aqueles pictogramas que haviam recebido qualificações percentuais acima dos 50 pontos. Ainda que se possa dizer que uma imagem vale mais que mil palavras, de maneira nenhuma se queria mil pictogramas para cada mensagem!

Finalmente chegou o momento de examinar de perto cada um dos pictogramas selecionados e considerar os fatores que os fortaleceriam individualmente e como coleção. Foram criadas ilustrações digitais para cada pictograma selecionado. A preocupação mais importante da equipe era conseguir um conjunto coerente. Os elementos dos pictogramas – setas, figuras humanas, chamas, etc. – foram ilustradas com consistência e em escalas idênticas. Decidiu-se que um fundo escuro com os elementos em branco resultava num nível ótimo de legibilidade (exceto para aqueles pictogramas que seriam impressos em cor). Já que o objetivo era o de evitar o desenho de novos pictogramas, eles se limitaram a realizar tão só as alterações necessárias.

O projeto foi totalmente implantado em Portland. Planeja-se para que as cidades irmãs de Portland dêem seu apoio e adotem a normatização. Depois disso, os objetivos dos responsáveis são de criar um padrão mundial de símbolos urbanos.

5

Métodos e técnicas da pesquisa

Para a nossa pesquisa de avaliação de compreensibilidade de pictogramas para hospitais e serviços de saúde públicos do Rio de Janeiro em 2002, aplicamos cinco (5) dos testes relatados no capítulo anterior além de técnicas de pesquisa importantes para o controle das variáveis garantindo sua confiabilidade.

5.1 Técnicas usadas na pesquisa

Para dar subsídios aos métodos aplicados, conhecer o problema e uniformizar o material a ser pesquisado, utilizamos algumas técnicas como: questionário com designers especialistas em sinalização, coleta de símbolos em fontes variadas e testes piloto para entender o comportamento dos usuários e checar a viabilidade de aplicação dos testes.

5.1.1 Questionário para designers

Foi elaborado um questionário para ser respondido pelos designers que estão na profissão há mais de 5 anos e com experiência de projetos de sinalização. Um dos objetivos deste questionário era saber quais as fontes usadas por eles: projetos implantados, projetos de outros designers, bibliografias estrangeiras ou brasileiras e se aplicavam testes de compreensibilidade para os símbolos. O outro objetivo era mostrar a necessidade de base de dados testados e aprovados para o usuário brasileiro.

Foram passados por e-mail e pessoalmente 32 questionários. Desses, 12 foram devolvidos: 9 respondidos e 3 deles em branco, isto é, os *designers* justificaram a não experiência no assunto.

Os outros 20 foram remetidos 2 vezes, depois entregues pessoalmente, mesmo assim não tiveram volta. Logo, obtivemos 9 questionários respondidos.

Modelo do questionário:

> Questionário sobre símbolos gráficos direcionado aos designers
> Nome do designer:
> Nome do escritório:
> Curso de graduação em design:
> Tempo de experiência profissional:
> Tipos de trabalho que desenvolve mais comumente:
> Quantos projetos de sinalização já realizou?
> Nenhum___   Alguns___   Vários___   Mais de 10___
> Já fez projetos de sinalização na área de saúde?
> Quais?
> Já utilizou pictogramas, ícones ou símbolos gráficos em projetos de sinalização? Desenhados por você ou copiados?
> Qual a fonte bibliográfica que você utiliza para desenho dos símbolos ou escolha dos elementos que os compõem?
> Fonte brasileira ou estrangeira?
> Como você testa a compreensibilidade desses símbolos?
> Na sua opinião, o uso do símbolo isolado ou ligado à palavra é eficiente na comunicação?

5.1.2 Levantamento de símbolos em hospitais públicos e privados

Paralelamente à aplicação dos questionários, foi feito um levantamento de símbolos usados em sinalização de hospitais. Poucos hospitais privados usavam símbolos gráficos para setores de uso dos pacientes como admissões, sala de espera, enfermaria etc. Essas informações eram escritas em placas que localizadas nas paredes ou nas portas. Vários hospitais visitados utilizavam símbolos apenas para os serviços de emergência e incêndio.

Encontramos sistemas de sinalização bem diversos em hospitais públicos. O hospital Universitário Pedro Ernesto possuía um projeto implantado há vários anos, que por falta de manutenção, o corpo médico e o administrativo tiveram a necessidade de colocar outras informações adicionais, não se preocupando com uniformidade visual ou eficácia da informação.

No Hospital Municipal e Pronto-Socorro Miguel Couto encontramos sinalização nova, bem cuidada, mas com poucos símbolos. A diretora do hospital nos deu a informação de que é proibido a qualquer paciente ou visitante transitar sozinho no seu interior. Há sempre um guarda que os acompanha, por isso não há necessidade de sinalização específica para pacientes externos. Vale lembrar que existia atendimento de ambulatório e para este, a fila de espera era formada na calçada do prédio. Existem também outros hospitais municipais públicos que não são de emergência que autorizam a entrada dos usuários em suas dependências. Os postos de saúde têm uma sinalização precária nas portas dos consultórios e placas de admissão e farmácia.

Poucos símbolos puderam ser aproveitados na nossa pesquisa. Alguns foram eliminados nos testes de pré-seleção, outros eram cópias de símbolos estrangeiros, atestando como verdadeiras as respostas dos designers aos questionários.

Era patente a ineficiência da sinalização existente tanto pelo teor da comunicação como pelo sistema não cambiável o que torna a mensagem totalmente desvinculada das necessidades de um hospital público. Foi constatada a pouca utilização de símbolos, apesar de atender usuários de baixa escolaridade e existir ainda algumas carências que vão sendo pessimamente resolvidas com soluções precárias. Solução de papelão pendurado na maçaneta e de cartazete com uma mão segurando um saco com um texto ao seu redor: "Não pague nada. Todo serviço prestado a você neste hospital é gratuito".

A Comlurb implantou também nos hospitais municipais públicos uma sinalização em azul, branco e laranja para comportamentos quanto ao lixo. Um exemplo é uma placa de aviso recomendando colocar as seringas na caixa acoplando texto e desenho.

5.1.3 Levantamento de símbolos em livros

Foram coletados símbolos gráficos nacionais e internacionais, encontrados em livros de projetos, de normas e manuais além de uns poucos fotografados em hospitais locais.

Os símbolos encontrados para os sete (7) referentes escolhidos: sala de espera, recepção ou admissão, emergência, ambulatório, farmácia, enfermaria e informações foram reproduzidos (escaneados) de fotos e de livros.

Fontes:

- Símbolos recomendados pela norma International Standard Organization (ISO) e pelo American Institute of Graphic Arts (AIGA) para uso internacional;
- Símbolos usados na sinalização mundial de estabelecimentos de saúde;
- Símbolos testados em pesquisa de OLMSTEAD, nos USA, China e Japão;
- Símbolos propostos para padronização mundial usados no projeto de Todd Pierce para sinalização da cidade de Portland;
- Símbolos projetados por designers brasileiros para a área de saúde;
- Símbolos encontrados em uso em hospitais públicos do Rio de Janeiro (municipais, estaduais e federais).
- Fontes anônimas;
- Livros e projetos pesquisados dos autores: AICHER, Otl & KRAMPEN, Martin; BOSISIO Jr., Arthur; COSTA, Joan; DIETHELM, Walter; DREYFUSS, Henry; FOLLIS, John e HAMMER, Dave; FONTANA, David; FRUTIGER, Adrian; KUWAYAMA, Yasaburo; LIUNGMAN, Carl G.; LYNCH, K.; MODLEY, Rudolf; OLMSTEAD, Wendy T.; OTA, Yukio; PVDI, Escritório Design; TRESIDDER, Jack.

5.1.4 Reprodução dos símbolos coletados para teste de pré-seleção

Os símbolos foram todos escaneados num total de 149 e reunidos em páginas separadas por referente. Apresentação dos símbolos para o referente Sala de Espera (Figura 5.1).

Métodos e técnicas da pesquisa

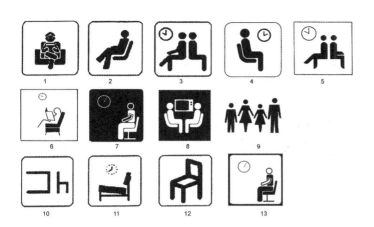

1, 2, 3, 10, 11, 12 – Pesquisa Olmstead;
4 – DOT;
5 – Modley (O'72 Munich) p. 97;
6 – Modley (UCI) Modley p. 122;
7, 13 – SENAC;
8 – Todd p. 91;
9 – HUPE – UERJ;
11 – (ATA) Modley p. 78.

Figura 5.1 – Símbolos gráficos coletados para o referente SALA DE ESPERA

Símbolos gráficos coletados para o referente EMERGÊNCIA

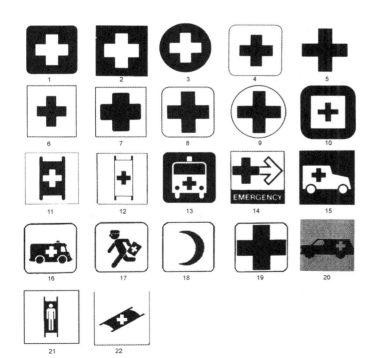

1, 13 – LTSP p. 420;
1 – Todd;
3, 11, 14 – Dreyfuss p. 117;
2 – Modley (UIC) p. 120;
4 – Modley (DOT'74) p. 80;
5 – Modley (Pg Picto'graphics) p. 101;
6 – Modley (O'72 Munich) p. 100;
7 – Modley (Port NY) p. 109;
8 – Modley (ATA) p. 77;
9 – Modley (Seatle – Tacoma) p. 116;
10 – Modley (NPS) p. 86;
11 – Modley (O'64) p. 91;
12 – Modley (O'72 Munich) p. 100;
15 – UERJ (PVDI);
11, 16, 17, 18, 19 – Pesquisa Olmstead;
20 – Hospital Buenos Aires.

Figura 5.2 – Símbolos para o referente emergência

Símbolos gráficos coletados para o referente ENFERMARIA

1 – Modley (DOT 74) p. 81;
2, 3, 4, 5, 8, 20 – Modley p. 23, 25;
6 – Modley (NPS) p. 86;
7 – Modley (PgPicto'graphics) p. 101;
9 – Modley (O'72 Munich) p. 100;
10 – HUPE – UERJ;
11, 12 – PVDI – UERJ;
13 – Todd p. 112;
14, 15, 16, 17, 18, 19 – Pesquisa Olmstead.

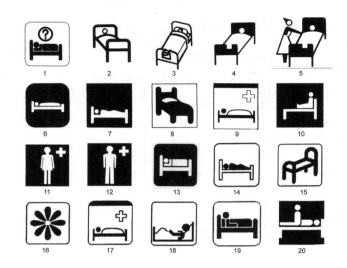

Figura 5.3 – Símbolos para o referente enfermaria

Símbolos gráficos coletados para o referente FARMÁCIA

1, 2, 3, 4 – Aicher p. 125, 137;
1 – Todd p. 77;
2 – Aicher p. 137;
3, 24 – Modley (O'72 Munich) p. 100;
5, 20 – Modley (S/TA Seatle) p. 103, 117;
6, 7, 9, 14, 21 – Modley p. 23, 119, 84, 103, 122;
8, 11, 12, 13, 20, 21 – pesquisa Omstead;
15, 16, 23 – Yasaburo p. 304, 307;
17 – Aicher p. 138;
18 – LTSP p. 420;
19 – Metrô;
21 – Pesquisa Olmstead;
22 – Dreyfuss p. 65.

Figura 5.4 – Símbolos para o referente farmácia

Métodos e técnicas da pesquisa

Símbolos gráficos coletados para o referente AMBULATÓRIO

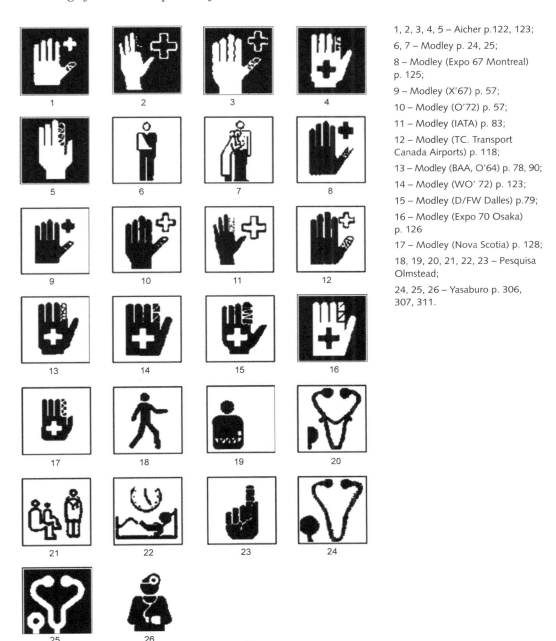

1, 2, 3, 4, 5 – Aicher p.122, 123;
6, 7 – Modley p. 24, 25;
8 – Modley (Expo 67 Montreal) p. 125;
9 – Modley (X'67) p. 57;
10 – Modley (O'72) p. 57;
11 – Modley (IATA) p. 83;
12 – Modley (TC. Transport Canada Airports) p. 118;
13 – Modley (BAA, O'64) p. 78, 90;
14 – Modley (WO' 72) p. 123;
15 – Modley (D/FW Dalles) p.79;
16 – Modley (Expo 70 Osaka) p. 126
17 – Modley (Nova Scotia) p. 128;
18, 19, 20, 21, 22, 23 – Pesquisa Olmstead;
24, 25, 26 – Yasaburo p. 306, 307, 311.

Figura 5.5 – Símbolos para o referente ambulatório

Símbolos gráficos coletados para o referente ADMISSÕES

1, 10, 11, 12, 13, 14, 15 – Pesquisa Omstead;
1 – Aicher p. 138;
2, 3 – SENAC;
4, 5, 16 – Modley p. 32, 43;
6 – PVDI – UERJ;
7 – Modley (ATA Ticket) p. 77;
8 – Modley (DOT'74) p.70, Todd p. 47;
9 – HUPE – UERJ;
12, 15 – Dreyfuss p. 117.

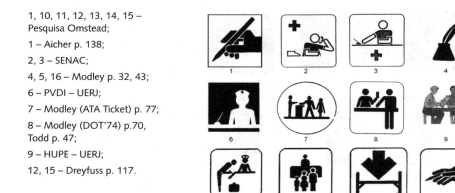

Figura 5.6 – Símbolos para o referente ADMISSÕES

Símbolos gráficos coletados para o referente INFORMAÇÕES

1, 2, 3, 4, 5, 6, 7, 8, 9, 10, 11, 12, 13, 14, 15, 16, 17, 18, 19, 20, 21, 22, 23 – Modley p. 62, 81, 109, 92, 79, 77, 86, 82, 101, 75, 78, 62, 118, 126, 94, 84, 62, 121, 110, 76, 82, 123, 90, 96;

1, 2, 20, 22, 24, 25 – Pesquisa Olmstead;

13, 22 – Aicher p. 121;

14, 20, 21 – Dreyfuss p. 34;

26, 27, 28, 29 – LTSP p. 444, 447.

Figura 5.7 – Símbolos para o referente informações

5.1.5 Seleção de símbolos para serem levados a teste de pré-seleção

A partir dos 149 símbolos coletados, foi feita uma primeira seleção por três designers com experiência em sinalização e professores de Projeto de Programação Visual. Foram entregues a eles sete (7) folhas de papel contendo cada uma, todos os símbolos coletados para o referente, como mostramos nas páginas anteriores, mas sem as fontes.

A tarefa pedida foi para que reduzissem a 10 símbolos, no máximo, por referente; escolhendo aqueles que tinham elementos gráficos diferentes e os de melhor legibilidade dentre os muito parecidos, ou seja, as melhores soluções de cada imagem repetida de um mesmo conceito.

O objetivo deste teste é selecionar os símbolos que seriam levados a teste para aceitação. Com um número de até dez símbolos por referente os símbolos passaram por um teste piloto de estimativa de compreensibilidade. Restando então apenas sete (7) símbolos por referente, num total de 49 símbolos.

Preparação dos símbolos para os testes de pré-seleção

Todos os símbolos escolhidos pelos três designers, por consenso ou pela maioria, foram transformados em positivo (desenho em preto, alguns em outline, outros chapados) em fundo branco e com a mesma moldura quadrada em fio. O intuito foi eliminar as variantes de visibilidade e legibilidade devido às diferenças cromáticas. Os desenhos originais foram mantidos. Os símbolos escolhidos foram levados a testes piloto para reduzir seu número a sete (7) símbolos por cada referente: *emergência (Figura 5.8); sala de espera (Figura 5.9); farmácia (Figura 5.10); enfermaria (Figura 5.11); admissões (Figura 5.12); ambulatório (Figura 5.13); informações (Figura 5.14)*.

Símbolos selecionados para Emergência

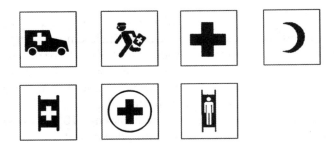

Figura 5.8 – Símbolos selecionados para Emergência

Símbolos selecionados para Sala de Espera

Figura 5.9 – Símbolos selecionados para Sala de Espera

Símbolos selecionados para Farmácia

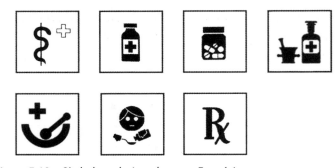

Figura 5.10 – Símbolos selecionados para Farmácia

Símbolos selecionados para Enfermaria

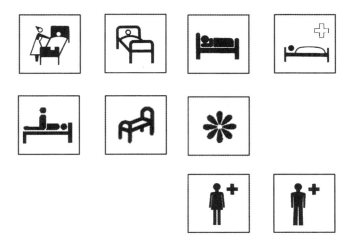

Figura 5.11 – Símbolos selecionados para Enfermaria

Símbolos selecionados para Admissões

Figura 5.12 – Símbolos selecionados para Admissões

Símbolos selecionados para Ambulatório

Figura 5.13 – Símbolos selecionados para Ambulatório

Símbolos selecionados para Informações

Figura 5.14 – Símbolos selecionados para Informações

5.1.6 Aplicação de testes piloto

Seis (6) testes piloto de estimativa de compreensibilidade foram aplicados em abril de 2001, para eliminar alguns símbolos com valores muito baixos e levarmos a testes apenas 49 símbolos, sete (7) por referente, o que já é um número bastante amplo. Alguns símbolos bem diferentes dos usuais, incluídos na pesquisa de Olmstead e que obtiveram médias baixas nos testes piloto de estimativa, foram mantidos para podermos fazer a comparação entre as duas pesquisas.

O teste original de *estimativa de compreensibilidade* incluído nas normas ISO 9186-2001 recomenda que as respostas sejam dadas numa escala de 0 a 100%. Como nossos sujeitos eram usuários de serviços públicos de saúde na cidade do Rio de Janeiro e a nossa expectativa era que a maioria não tivesse o 1º grau completo, resolvemos facilitar a escala de valores percentuais para menos valores e mais destacados e com isso de mais fácil compreensão, conforme explicação mostrada na figura 4.9.

Fizemos uma primeira tentativa com desenhos em *pizza* mostrando percentuais iguais a 0%, 25%, 50%, 75% e 100% a algumas pessoas com nível até 5a série; elas não conseguiram entender bem, causava muitas dúvidas. Resolvemos então traduzir esses valores com uma definição escrita e relacionar letras.

A = Todos irão entender
B = Muitos irão entender
C = Metade das pessoas irá entender
D = Quase ninguém vai entender
E = Ninguém vai entender

Foram diagramadas sete (7) páginas, cada uma com todos os símbolos em círculo do mesmo referente, com o nome e uma explicação do local para seu uso no centro. Na capa colocamos linhas de preenchimento para nome, idade, sexo e escolaridade.

Foram aplicados seis (6) testes, nos quais alguns símbolos foram eliminados por obterem valores baixos por unanimidade, são eles: Enfermaria – símbolos 6 e 7 = média D (Figura 5.15).

O símbolo 1 obteve média mais baixa = E, porém como ele faz parte da pesquisa de Olmstead resolvemos incluí-lo no teste para termos de comparação.

Figura 5.15 – Símbolos de Enfermaria com votação baixa.

Os símbolos 4 e 5 obtiveram médias E e D e foram excluídos (Figura 5.16).

Figura 5.16 – Símbolos de Informações com votação baixa.

Restaram então 49 símbolos, 7 para cada referente. Outras observações foram feitas: era necessário que tivesse na capa uma explicação do teste, principalmente sobre a relação letra/símbolo no preenchimento; os sujeitos pensaram que não podiam repetir a letra, que houvesse uma obrigatoriedade em relacionar uma letra a um desenho e os outros ficariam sem preenchimento; era necessário haver um exemplo do teste na capa; era necessário haver uma frase amarrando as opções de respostas no rodapé das páginas.

5.1.7 Preparação do material para aplicação dos testes de acordo com os métodos escolhidos e escolha dos locais

Foram preparadas as páginas de teste de acordo com as descrições feitas acima, impressas tabelas para respostas e marcadas visitas com responsáveis dos locais. Os sujeitos que participaram dos testes eram usuários de serviços públicos de saúde e foram contatos entre os funcionários da UniverCidade (antiga Faculdade da Cidade, Ipanema); clientes do Hospital Pedro Ernesto e clientes do Posto de Saúde da Gávea. Os testes foram realizados nesses locais.

5.2 Métodos usados na pesquisa

1 – Métodos de pré-seleção
2 – Método de produção
3 – Teste de compreensão
4 – Método de reidentificação
5 – Teste de estimativa de compreensibilidade

No próximo capítulo explicaremos a aplicação dos testes, suas amostras, seus procedimentos e seus resultados.

6

Aplicação dos testes e seus resultados

Apresentamos a seguir os procedimentos de resultados dos métodos aplicados, seus desdobramentos, observações e cruzamentos.

6.1 Resultados dos questionários

Todos os designers que responderam o questionário mostraram a preocupação com o design dos símbolos gráficos em termos de Identidade Visual do projeto para o hospital, clínica ou empresa. Todos buscam os elementos gráficos nos livros do Dreyfuss, Frutiger, Crosby, Fletcher e Forbes, Modley e Yasaburo, os recomendados pelo AIGA e fazem adaptações na imagem para acompanhar o projeto.

Quanto à checagem da compreensibilidade, ela é feita pelos designers no próprio escritório. Um dos designers entrevistados relatou que uma vez, em um projeto fez mock-ups das placas com símbolos e testou no local com os usuários específicos. Essa atitude resultou na mudança do desenho de cabeça de mulher usado para indicação de banheiro feminino. Os usuários conseguiam diferenciar entre os dois símbolos quando postos lado a lado, mas no banheiro isolado a dúvida era grande. Homens entraram no banheiro feminino e mulheres titubearam.

Chapanis (1962) estudou e se preocupou com os engenheiros que avaliam seus próprios projetos dizendo que o tipo de amostragem mais comum, usada em experimentos humanos é a que nós podemos chamar de amostragem fortuita: o pesquisador escolhe alguns amigos para ajudá-lo servindo como sujeitos. Uma séria crítica sobre vários estudos de ergonomia é engenheiros (também podemos afirmar em relação aos designers) servirem como sujeitos de testes realizados. Engenheiros são atípicos – eles são mais inteligentes que a média dos usuários, eles têm uma familiaridade maior com números, eles entendem peças complicadas de maquinária, desenhos, representação gráfica. Continua Chapanis: um problema muito mais sério é encontrado, quando engenheiros que estão relacionados com um projeto servem como sujeitos de avaliação do mesmo. Não importa o quanto eles tentem ser justos, mas seu envolvimento acaba por influenciar seu desempenho, mesmo em matérias simples como velocidade e acurácia.

Apresentamos para referenciar os resultados dos questionários alguns textos que abordam essa postura de profissionais de projeto e a importância da preocupação da visão e compreensão do usuário.

Green (1993) diz que engenheiros (pode-se acrescentar, sem medo de errar que designers e arquitetos também) normalmente procuram por símbolos em normas ou manuais de símbolos; a maioria destes símbolos nunca foi testada em relação ao seu significado.

De acordo com Laville (1980), símbolos gráficos corretos implicam na correspondência entre a representação e o que é representado. Não é meramente uma ilustração, mas um código que precisa ser entendido.

Acorde Ziegler & Fahnrich (1988), o uso de ícones constitui um aspecto importante da manipulação direta em computador e, a representação gráfica permite que entidades abstratas e artefatos técnicos possam ser mostrados como objetos "reais". Os ícones facilitam a identificação de um objeto e de seu significado e também auxiliam o usuário quando da inferência de atributos do objeto, relações entre os objetos e operações potenciais. Há, entretanto, o perigo de equívocos na decodificação da representação visual, caso a metáfora não seja consistente ou apresente inconsistências com o domínio real do problema.

MORAES *et al* (1994), após duas pesquisas, a primeira só com 20 estudantes de design, a segunda, com um grupo composto por designers e arquitetos, outro grupo composto por engenheiros e informatas e mais um grupo composto por profissionais das outras áreas como por exemplo: administração, economia, letras, comunicação, etc. (estas profissões geralmente não têm uma ligação direta com a informática e também que não possuem um conhecimento dos programas gráficos), afirmam:

– "É importante ressaltar que, embora tenham desempenho um pouco melhor que os outros grupos, há dificuldade na compreensibilidade da linguagem iconográfica pelos designers e arquitetos – sujeitos que têm como parte de sua formação o aprendizado de símbolos gráficos. (...) Os programadores visuais, ao desenvolverem ícones, não devem utilizar como referências únicas e/ou principal a sua própria opinião ou a dos seus colegas de trabalho, quando da seleção de símbolos gráficos. (...) existem discrepâncias entre o modelo mental do projetista e o modelo mental do usuário na relação do ícone com seu referente.

– "Mais uma vez podemos observar que a boa performance é associada à estrita relação entre o ícone e a função representada, como tesoura e cortar (CUT)". de MORAES, A *et al.*, 1994.

6.2 Teste de pré-seleção

Símbolos selecionados para todos os testes

A seleção final resultante do teste piloto fez parte de todos os testes de avaliação de compreensibilidade aplicados nesta pesquisa como o de estimativa de magnitude, o de reidentificação e o de compreensão. Além disso, essa seleção foi usada na comparação com o teste de produção (Figura 6.1).

6.3 Aplicação dos testes

Foram aplicados os testes de produção, o de compreensão, o de estimativa de compreensibilidade e o de reidentificação, na seguinte ordem:

1. produção – o sujeito desenha o que ele tem na memória.
2. compreensão – o sujeito dá um significado para o símbolo sem referência de nenhum outro.
3. estimativa de compreensibilidade – o sujeito estima o quanto os outros irão compreender o significado do símbolo.
4. reidentificação – o sujeito dá o significado do símbolo oralmente após tê-lo visto com identificação.

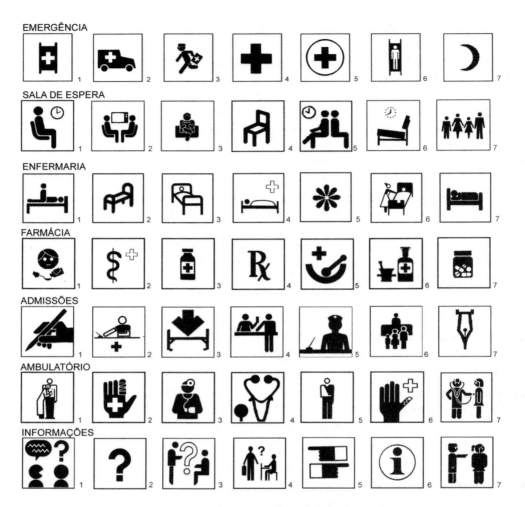

Figura 6.1 – Conjunto de símbolos selecionados para teste.

Amostragem

Foram escolhidos 13 sujeitos para o teste de produção e mais de 50 sujeitos para os outros 3 testes, como recomenda a norma ISO 9186-2001 e AINSI.

Locais dos testes

Hospital Pedro Ernesto, Hospital do Andaraí, Posto de Saúde da Gávea – Píndaro de Carvalho Rodrigues e empregados da UniverCidade que são usuários dos serviços públicos de saúde.

6.4 Teste de produção

Foi feito um teste piloto com 13 pessoas e depois estendido para 21 pessoas usuárias de serviços públicos de saúde, de 18 anos em diante, ambos os sexos, com nível de escolaridade do alfabetizado até o 2º grau completo.

Foram feitas fichas tamanho A5 = 14, 8 x 21 cm. em papel branco gramatura 120 g. com o nome do referente na parte de baixo, escrito em Garamond, caixa alta, corpo 36, em preto. Cada pessoa recebeu 7 fichas, cada uma com o nome de um referente. Junto com as fichas elas receberam uma caneta Futura preta. Nem todas usaram a caneta, algumas preferiram lápis.

Foi explicado o contexto dos desenhos e pedido que as pessoas desenhassem a figura que achassem que melhor expressasse aquele local. Reforçava-se que o teste não os avaliava, e sim serviria como base para desenhos usados em sinalização de hospital.

Os sujeitos empregaram em média 15 minutos para desenhar os 7 conceitos pedidos, sendo que uma das pessoas preferiu escrever os referentes para 6 conceitos e outra escreveu os referentes para 2 conceitos, pois não se acharam capazes de desenhar. Em geral, os participantes tiveram bastante resistência no começo em desenhar, porém com o desenrolar do teste iam se desinibindo. A preocupação era grande em saber se acertaram. Outra questão levantada por vários sujeitos foi de que já fizeram teste similar, "teste psicotécnico". Os sujeitos foram identificados pelo primeiro nome, idade, sexo, nível de escolaridade.

Os desenhos foram escaneados e os seus elementos gráficos formadores foram computados em termos qualitativos e quantitativos por referente e elementos gráficos.

O objetivo desse método é a análise das variações de repertórios de símbolos de acordo com a cultura, idade, nível social ou intelectual dos participantes. O método de produção é um dos métodos formativos consagrados por pesquisadores para conhecimento das imagens mais significativas para os usuários específicos dos serviços focados. Ele pode ser usado também para avaliar em percentagens a maior dificuldade ou facilidade de desenhar cada conceito; como também serve para analisar os conteúdos, o que permite estimar quais os elementos gráficos que são usados com maior freqüência para exprimir cada conceito. Esses elementos gráficos formadores dos desenhos fornecem subsídios para desenvolvimento de um projeto de sinalização compreensível por seus usuários.

O teste de produção foi o primeiro dos testes aplicados nessa pesquisa. Através da aplicação desse teste, nos foi possível colher as imagens que fazem parte do repertório de símbolos desses usuários para 7 conceitos escolhidos para nortear toda a pesquisa. Eles são básicos e gerais dentro do serviço de saúde pública: **emergência, informações, admissões, sala de espera, ambulatório, enfermaria e farmácia.**

6.4.1 Resultados por conceito

Apresentamos a seguir alguns resultados do teste de produção agrupados por conceitos, comparando os elementos gráficos obtidos nos testes de produção e os símbolos coletados. Estão listados os elementos formadores dos símbolos selecionados e das imagens do teste de produção, destacando aqueles que são semelhantes nas duas situações. Podemos notar também a diferença entre outros elementos gráficos por conceito (Tabela 6.1).

Comparação por conceito

Tabela 6.1 – Comparação dos elementos gráficos formadores dos desenhos e símbolos.

Símbolos selecionados	teste de produção
Admissões	
pessoa no balcão	pessoa com ficha
caneta sozinha/com mão	caneta
visitante+balcão+recepc.	recepcionista + comput.
	crachá p/ visitante
Informações	
interrogação	interrogação
balcão de informações	guichê de informação
pessoas interagindo	pessoas interagindo

Símbolos selecionados	teste de produção
Sala de espera	
cadeira	cadeiras
relógio	sofá
pessoas em pé/sentadas	cafezinho
Emergência	
cruz	cruz
ambulância	oxigênio
enfermeiro	médico + oxigênio
maca	braço com curativo
lua	
Ambulatório	
estetoscópio	estetoscópio
médico examinando pac.	médico examinando paciente
médico	braço tomando injeção
mão + cruz	mesa do médico
pessoa com tipóia	médico + remédio
	bancos com pessoas sentadas
Enfermaria	
cama	cama
cama + paciente	cama + paciente
cama + paciente +enfermeira	televisão
flor	cama + remédio

Símbolos selecionados	teste de produção
Farmácia	
vidro de remédio	vidro de remédio
pilão	blister de comprimidos
pessoa tomando remédio	copo + comprimido
símbolo medicina + cruz	seringa
símbolo grego R	prateleiras com remédios

Nas duas colunas podemos também observar imagens que remetem a situações inesperadas ou elementos novos como em símbolos existentes: pilão, R (receita), lua, flor (esterilização) e nos desenhos: crachá de admissão, uma fileira de bancos com pessoas esperando (situação real dos ambulatórios públicos, às vezes as pessoas ficam de pé na fila como no caso do Miguel Couto), o cafezinho da sala de espera, a televisão da enfermaria.

Avaliação

No total dos sujeitos participantes do teste de produção (21), podemos destacar alguns elementos ou situações presentes em mais da metade dos desenhos.
- Para o conceito *admissões*, o balcão, o recepcionista e a caneta são importantes.
- Para o conceito *informações*, o guichê ou balcão com recepcionista ou interrogação são relevantes.
- Cadeiras em quantidades diferentes com ou sem pessoas sentadas dão a referência bastante precisa da *sala de espera*. Já o relógio tão usado nos símbolos existentes não parece ser percebido pelos usuários dos hospitais públicos, talvez por eles já saberem do longo tempo de espera provável.
- Para a *emergência* a cruz é o símbolo mais forte o que coincide com a imagem usada. Porém a cruz é também símbolo para hospital o que faz os sujeitos um pouco confusos quanto a este elemento. A bala de oxigênio apareceu como um elemento importante para ser testado e averiguado.

- No referente *ambulatório* a figura do médico aparece em mais da metade dos testes, seja pela representação da pessoa ou do estetoscópio.
- Para a *enfermaria* a cama de hospital com ou sem pacientes deitados dá uma boa referência da situação.
- Nada parece melhor do que um vidro de remédios para representar o local da *farmácia*.

Conclusão

Avaliações feitas a partir do teste de produção podem sem a menor dúvida trazer subsídios para o design de símbolos gráficos necessários no desenvolvimento de projetos de sinalização para áreas públicas, bastando que se considere como amostra usuários reais.

Listagem por incidência de elemento gráfico em cada referente – total de 21 pessoas e seus desenhos resultantes (Figuras de 6.2 a 6.8).

Admissões

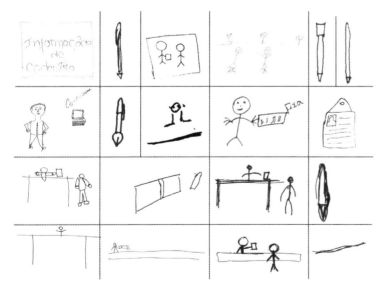

Listagem de unidades por elemento gráfico:

caneta – 6
visitante+balcão+recepc.= 3 + 1 (vários)
balcão c/ recepcionista = 2
recepcionista com comput/ máquina – 1 + 1 (s/balcão)
pessoa com ficha – 1
pessoa dando uma caneta e mostrando uma cadeira – 1 (escrito)
caderno + caneta – 1
crachá p/ visitante – 1
ficha de informações de cadastro – 1
em branco – 1

Figura 6.2 – Desenhos resultantes do referente Admissões

Informações

Listagem de unidades por elemento gráfico:

interrogação – 7

balcão com recepcionista – 5 – 2 (+ visitante)

balcão + interrogação – 2

guichê de informação – 2

2 guichês com 2 pessoas – 1

seta – 1

Figura 6.3 – Desenhos resultantes do referente Informações

Sala de espera

Listagem de unidades por elemento gráfico:

1cadeira – 6

cadeiras – 5

1 pessoa sentada – 3

sofá – 2

pessoas em pé/sentadas – 1
(muitas em pé e sentadas) – 1
(muitas sentadas)

fileira de cadeiras – 1 (escrito)

cafezinho – 1

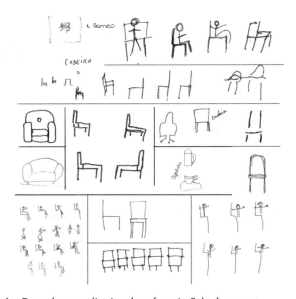

Figura 6.4 – Desenhos resultantes do referente Sala de espera

Aplicação dos testes e seus resultados

Emergência

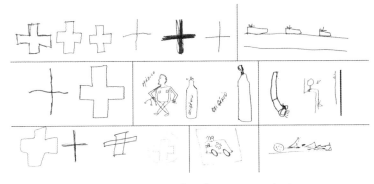

Figura 6.5 – Desenhos resultantes do referente Emergência

Listagem de unidades por elemento gráfico:

cruz – 13

camas – 1 (3 pessoas deitadas) + 1 (pessoa c/ferimentos deitada + pessoa tomando soro)

oxigênio – 1

médico + oxigênio – 1

maca com 2 enfermeiros – 1 (escrito)

braço com curativo – 1

pessoa atropelada ou de cadeira de rodas do tipo que chame a atenção – 1 (escrito)

Ambulatório

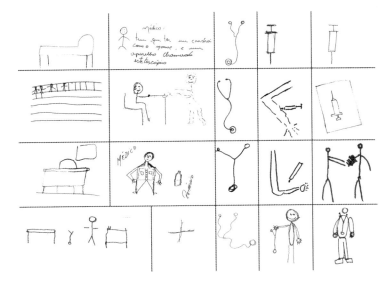

Figura 6.6 – Desenhos resultantes do referente Ambulatório

Listagem de unidades por elemento gráfico:

estetoscópio – 4

médico – 3

injeção – 2

braço tomando injeção – 2

médico com paciente – 1+ 1 (tirando sangue)

cruz – 1

mesa do médico – 1

maca de exame – 1

mesa de exame com aparelhagem – 1 (escrito)

médico + mesa + estetoscópio + maca – 1

médico + remédio – 1

bancos com muitas pessoas esperando – 1

Enfermaria

Listagem de unidades por elemento gráfico:

1 cama com 1 paciente – 6
cruz – 3 + 1 (escrito)
cama – 4
camas com 1 paciente cada – 3
televisão – 1
cama + remédio – 1
médico – 1

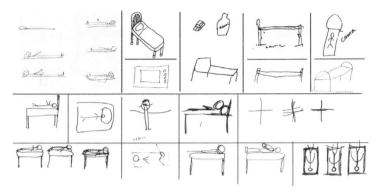

Figura 6.7 – Desenhos resultantes do referente Enfermaria

Farmácia

Listagem de unidades por elemento gráfico:

vidro de remédio – 4
balcão com vendedores – 4
comprimidos – 2
copo + comprimido – 2
seringa – 2
prateleiras com remédios – 1 – 1 (c/vendedores em escadas)
prateleiras – 2
blister de comprimidos – 1
vidro de remédios + seringa – 1 (escrito)

Figura 6.8 – Desenhos resultantes do referente Farmácia

6.5 Teste de compreensão

Esse método é o mais direto e taxativo para avaliação de compreensibilidade. Cada sujeito dá sua resposta para um símbolo apenas de cada referente, por isso, devemos aplicar o teste com poucas variantes. De acordo com a estatística, precisamos ter pelo menos 5 respostas para cada símbolo, para ser considerada uma pequena amostra, com grau de liberdade e níveis de significância. Na nossa pesquisa fizemos o teste com 60 pessoas e 7 variantes para cada um dos 7 referentes, o que soma um total de 49 símbolos. Como no preenchimento descobrimos que 4 pessoas tinham menos de 15 anos, consideramos apenas 56 sujeitos na tabulação das respostas. Especificações da amostra na tabela na próxima página (Tabela 6.2). Nesse caso, tivemos um total de 6 a 7 respostas por símbolo. Os testes foram feitos em abril e maio de 2001, nos seguintes locais: Hospital Universitário Pedro Ernesto; Posto de Saúde Píndaro, na Gávea e com empregados da UniverCidade, usuários de hospitais públicos.

Foram feitos blocos com páginas de formato A6 = 10,5 x 14,8 cm, cada um com 8 páginas: 1 capa (para preenchimento dos seus dados: nome, idade, se é usuário de hospital público, grau de escolaridade, bairro onde mora e função no emprego) e 1 página para cada referente com símbolos de 3 cm de lado (a ISO 9186/2000, recomenda tamanho mínimo de 2,8 cm). Foram impressas páginas isoladas (7 para cada símbolo), cada uma com um símbolo centralizado, com a pergunta abaixo dele: *"O que quer dizer este desenho?"* e uma linha para ser preenchida com o significado. Notou-se nos testes piloto que vários sujeitos descreviam os elementos formadores do desenho. Ex: cama com paciente e enfermeira; cruz; cadeira; meia-lua, etc. Então, mudamos a frase para: *"Que local do hospital este desenho indica?"*

As páginas de teste foram embaralhadas e colocadas em pilha por referente. Os cadernos iam sendo formados pela página de cima de cada pilha. As páginas não obedeciam à mesma seqüência. Cada bloco foi formado por uma página inicial – capa – e mais sete (7) páginas, cada uma com um símbolo de um referente diferente, e depois as páginas aleatorizadas foram grampeadas. As referências de numeração foram postas depois em cada bloco. Algumas observações feitas pelos participantes foram anotadas. Dados da capa dos blocos:

```
Data:____/____/____   Ref._____
Nome:_____
Idade:_____   Sexo:_____
Profissão:_____
Escolaridade: _____
Você já participou de algum teste semelhante a este?
sim ( )                    não ( )
Qual hospital público você mais utiliza? _____
_____

Preencha os dados acima e escreva um significado para cada
desenho nas páginas seguintes. Eles servem para indicar locais em
hospitais. Devolva o bloco de respostas.
```

AMOSTRA

Tabela 6.2 – Detalhes da amostra do teste de compreensão.

TOTAL	60 SUJEITOS
Listagem de sujeitos por sexo	
MASCULINO	19
FEMININO	37
MASCULINO – menor de 15 ANOS	1
FEMININO – menor de 15 ANOS	3
Listagem de sujeitos por idade	
Com menos de 15 anos	4
De 15 até 30 anos	21
De 31 até 50 anos	25
Com mais de 51 anos	10
Listagem de sujeitos por escolaridade	
Analfabetos ou só alfabetizados	5
De 1ª a 5ª série	18
De 6ª a 8ª série	6
De 1ª a 3ª série do 2º Grau	20
3º Grau	7
Sujeitos com menos de 15 anos (Todos cursando o 1º Grau)	4

As normas ISO 9186-2001 para testar símbolos gráficos para informação pública colocam o grau de 66% de média nas respostas dos testes de compreensão. Os pontos para as respostas de cada sujeito, dadas em um bloco, são marcados mediante uma escala de 1 a 7, avaliados por 3 juízes que correspondem às notas de 6 a 0. Os procedimentos para o teste são explicados no capítulo 4.

Categorias de resposta para avaliação com os pontos correspondentes para o teste de compreensão de acordo com a ISO 9186-2001

Entendimento correto do símbolo como CERTO = 6 pontos

Entendimento correto do símbolo como PROVÁVEL = 5 pontos

Entendimento correto do símbolo como PROVÁVEL MARGINALMENTE = 4 pontos

A resposta é OPOSTA ao significado desejado = 3 pontos

A resposta é ERRADA = 2 pontos

A resposta dada é NÃO SEI = 1 ponto

NENHUMA resposta é dada = 0 pontos

Tabulação das respostas

Conforme avaliação recomendada pela ISO, apresentada acima, tivemos três juízes julgando as respostas do teste. Quando as avaliações desses juízes, para um símbolo respondido por um mesmo sujeito, foram diferentes, a nota final foi dada pelas avaliações que têm notas iguais. Essa situação ocorre com maior freqüência quando o sujeito não acerta com exatidão o símbolo, porém chega a uma definição aproximada (notas 5 e 4).

Os gráficos separados por referente mostram os valores das médias obtidas para cada símbolo. Esses valores estão ligados por uma linha vermelha e temos para comparação a linha verde com os valores de 66% necessários para aceitação de cada símbolo no teste, confome as normas ISO 9186-2000.

Os resultados mostrados nos gráficos foram tabulados pela média geral, mas podemos seccioná-los levando em consideração: gênero, 2 escalas intervalares de idade e 3 escalas intervalares de escolaridade. O objetivo desses desmembramentos é a hipótese de diferença de compreensibilidade de acordo com a idade, o sexo e o nível de escolaridade.

Resultados gerais do teste

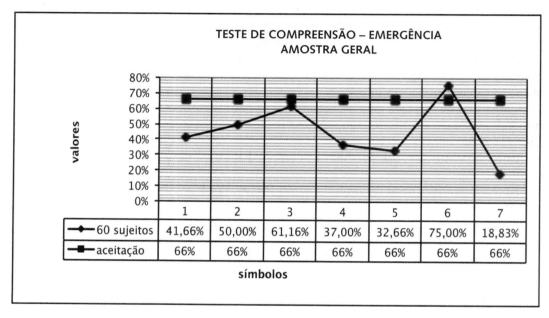

Gráfico 6.1 – Teste de compreensão – referente Emergência

Figura 6.9 – Símbolos de emergência com seus números de referência.

No referente **Emergência**, apenas o **símbolo 6** conseguiu aceitação (75%). O **símbolo 3** chegou a 61,16% ficando numa faixa de provável aceitação, dependendo da resposta dos outros testes.

Aplicação dos testes e seus resultados

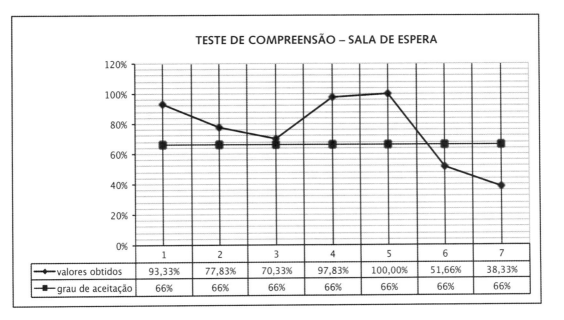

Gráfico 6.2 – Teste de compreensão – referenteSala de Espera

Figura 6.10 – Símbolos de sala de espera com seus números de referência.

Sala de espera – Os **símbolos 1, 2, 3, 4** e **5** conseguiram ultrapassar o grau de aceitação.

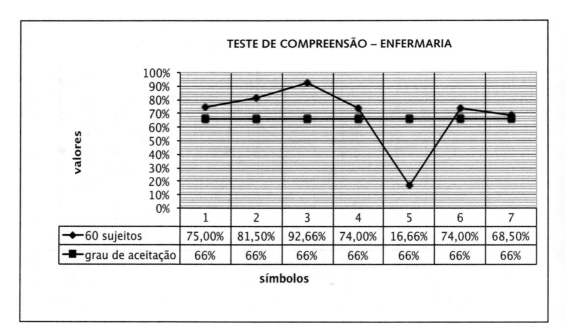

Gráfico 6.3 – Teste de compreensão – referente Enfermaria

Figura 6.11 – Símbolos de enfermaria com seus números de referência.

Enfermaria – Os **símbolos 1, 2, 3, 4, 6** e **7** conseguiram ultrapassar o grau de aceitação. Apenas o **símbolo 5** não alcançou aceitação, tendo aliás um péssimo grau de compreensibilidade (16,66%). Isso caracteriza como indevido o uso deste símbolo numa sinalização de serviços de saúde e hospitais públicos no Rio de Janeiro.

Aplicação dos testes e seus resultados

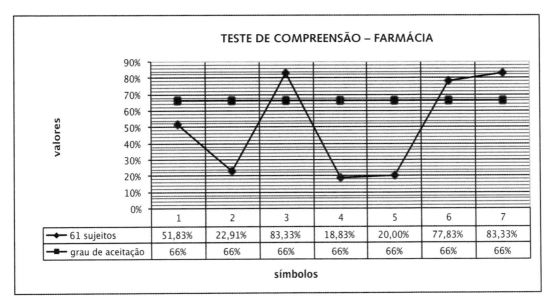

Gráfico 6.4 – Teste de compreensão – referente Farmácia

Figura 6.12 – Símbolos de farmácia com seus números de referência.

Farmácia – Os **símbolos 3, 6 e 7** conseguiram ultrapassar o grau de aceitação. O **símbolo 1** chegou a 51,83% ficando numa faixa de provável aceitação, dependendo da resposta dos outros testes. Os **símbolos 2, 4 e 5** tiveram péssimos graus de compreensibilidade. Isso caracteriza como indevido o uso destes símbolos numa sinalização de serviços de saúde e hospitais públicos no Rio de Janeiro.

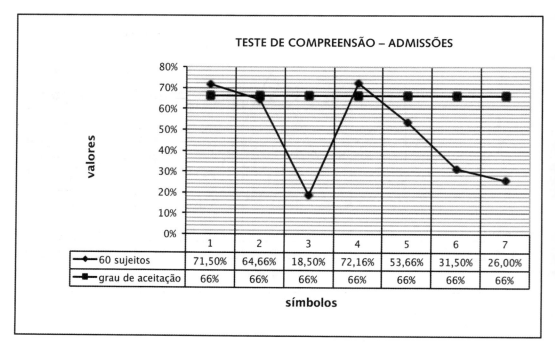

Gráfico 6.5 – Teste de compreensão – referente Admissões

Figura 6.13 – Símbolos de admissões com seus números de referência.

Admissões – Os **símbolos 1** e **4** conseguiram ultrapassar o grau de aceitação. O **símbolo 2** chegou a um grau muito perto do de aceitação (64,66%), dependendo da resposta dos outros testes. Os **símbolos 3, 6** e **7** obtiveram graus baixos de compreensibilidade. Isso caracteriza como indevido o uso destes símbolos numa sinalização de serviços de saúde e hospitais públicos no Rio de Janeiro. Já o **símbolo 5** conseguiu um grau baixo porém passível de recuperação (53,66%) seja por outros testes ou por redesenho.

Aplicação dos testes e seus resultados

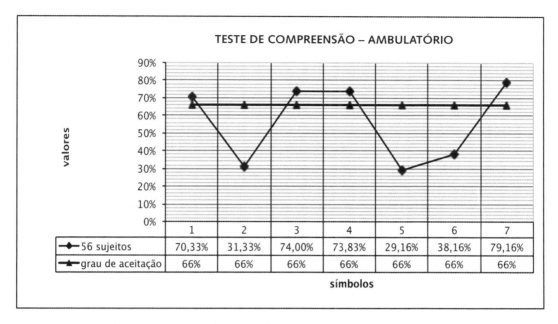

Gráfico 6.6 – Teste de compreensão – referente Ambulatório

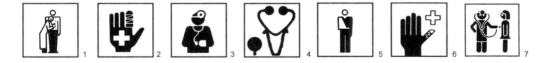

Figura 6.14 – Símbolos de ambulatório com seus números de referência.

Ambulatório – Os **símbolos 1, 3, 4 e 7** conseguiram ultrapassar o grau de aceitação. Os símbolos 2, 5 e 6 obtiveram graus baixos de compreensibilidade. Isso caracteriza como indevido o uso destes símbolos numa sinalização de serviços de saúde e hospitais públicos no Rio de Janeiro.

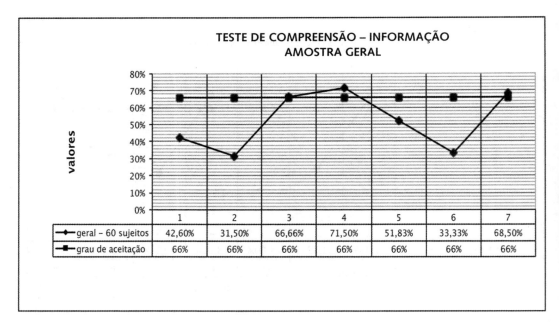

Gráfico 6.7 – Teste de compreensão – referente Informação

Figura 6.15 – Símbolos de informações com seus números de referência.

Informação – Os **símbolos 3, 4 e 7** conseguiram ultrapassar ligeiramente o grau de aceitação. Os símbolos 1, 2 e 6 obtiveram graus baixos de compreensibilidade. Isso caracteriza como indevido o uso destes símbolos numa sinalização de serviços de saúde e hospitais públicos no Rio de Janeiro. Já o símbolo 5 conseguiu um grau baixo porém passível de recuperação.

Aplicação dos testes e seus resultados

SÍMBOLOS APROVADOS NO TESTE GERAL DE COMPREENSÃO

	EMERGÊNCIA	S. ESPERA	ENFERMARIA	FARMÁCIA	ADMISSÕES	AMBULATÓRIO	INFORMAÇÕES	RESULTADO
GERAL	6	1,2,3,4,5	1,2,3,4,6,7	3, 6, 7	1, 4	1, 3, 4, 7	3, 4, 7	24 símbolos

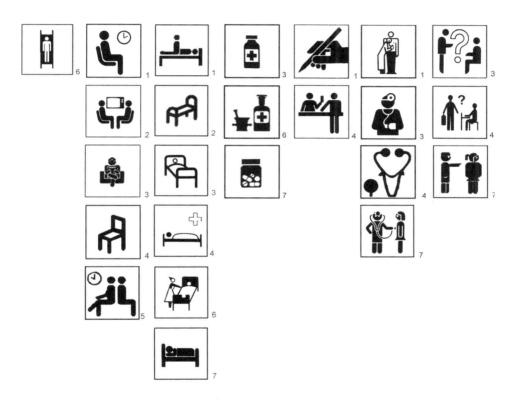

Figura 6.16 – Quadro de símbolos aprovados

6.6 Teste de reidentificação

Nesta pesquisa utilizamos o teste de reidentificação como parte dos métodos para testar a compreensibilidade de símbolos gráficos. A nossa intenção é avaliarmos através da reidentificação, a facilidade de memorização de um símbolo, o grau de pregnância de um elemento gráfico e a relação direta que o usuário faz dele com seu repertório. Às vezes, um símbolo não parece tão óbvio à primeira vista, porém após o seu entendimento ou aprendizagem ele é incorporado e fixado à memória do receptor.

O teste foi aplicado em 63 sujeitos, em agosto e setembro de 2001, usuários do Hospital Universitário Pedro Ernesto, em Vila Isabel; do Posto de Saúde Píndaro, na Gávea; do Hospital da Posse em Nova Iguaçu e com empregados da UniverCidade, também usuários de hospitais públicos.

É um teste de difícil aplicação, pois necessita um tempo maior (de 10 a 15 minutos) de concentração do sujeito e de espaço para colocação das cartas.

As cartas foram feitas em formato A6 = 10,5 x 14,8 cm. com símbolos de 4 cm. centralizados no cartão. Foram feitos dois tipos de baralho com os 49 símbolos, um trazendo o nome do referente embaixo do símbolo e outro sem identificação. Foram feitos 3 conjuntos, cada conjunto incluindo os dois tipos de baralho e cada um dividido em 2 partes (24 e 25 cartas) em ordens diferentes. Cada vez que eram mostradas, as cartas eram embaralhadas e mostradas na nova ordem para o próximo participante.

Primeiramente eram mostradas ao sujeito as primeiras 24 cartas do baralho com identificação durante 3 segundos cada. Assim, garantimos um olhar igual sobre todas as cartas. Em seguida eram mostradas as cartas sem identificação, uma a uma, em ordem aleatória para que o sujeito as identificasse. Imediatamente após, passávamos a mostrar as outras 25 cartas do baralho com o mesmo procedimento.

As cartas eram separadas em 2 pilhas: certo e errado. Quando existia dúvida, aguardava-se 3 segundos para a resposta. Após esse intervalo, não tendo resposta, o símbolo recebia a contagem de erro. Existia sempre a preocupação do sujeito em saber para que pilha a carta ia, quanto mais se preocupava, mais errava. Verificando essa atitude no teste piloto, fizemos uma caixa com divisórias, também não deu certo. Passamos então a separar as cartas com respostas erradas por baixo da pilha e viradas ao contrário. Quando tínhamos muitos sujeitos em seguida para fazer o teste e não tínhamos tempo de preencher a ficha com resposta, anotávamos a lápis, no verso das cartas erradas, com o n° referente àquele sujeito.

Foi feito um quadro geral para todos os testes mostrando os símbolos e um número para cada de acordo com o conjunto de símbolos selecionados para teste que mostramos na Figura 6.1. Foram feitas para todos os testes de reidentificação, fichas para preenchimento das respostas a serem tabuladas depois.

AMOSTRA

Tabela 6.3 – Relação das características da amostra.

Total	63 sujeitos
LISTAGEM POR SEXO	
MASCULINO	31
FEMININO	32
LISTAGEM POR IDADE	
DE 15 A 30 ANOS	27
DE 31 A 50 ANOS	23
DE 51 ANOS EM DIANTE	13
LISTAGEM POR ESCOLARIDADE	
ANALFABETO E ALFABETIZADO	04
De 1ª a 5ª série do 1º Grau	10
6ª a 8ª série do 1º Grau	10
2º Grau	32
3º Grau	07

6.6.1 Resultados

Esse teste é usado em várias pesquisas, porém não é normatizado como procedimento padrão, por isso não tem grau de aceitação já fixado. Propomos nessa pesquisa fixar o grau em 87%, igual ao do teste de estimativa. Esse percentual dá uma margem de confiança na aceitação do símbolo para o uso.

Esse teste serve, principalmente, de certificação das respostas do teste de compreensão. Ele apura o potencial do símbolo de ser memorizado depois de aprendido.

Apresentamos a seguir os gráficos de percentuais alcançados por cada símbolo agrupados por referente. O quadro final apresenta os símbolos aprovados.

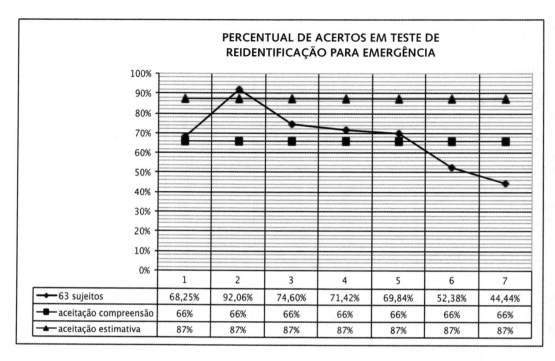

Gráfico 6.8 – Teste de compreensão – referente Emergência

Figura 6.17 – Símbolos de emergência com seus números de referência.

Emergência – O **símbolo** 2 conseguiu ultrapassar o grau de aceitação (87%). Os **símbolos 1, 3, 4** e **5** obtiveram valores acima de 66%, ficando na faixa passível de aceitação, dependendo da resposta dos outros testes. O símbolo 7 obteve o menor valor deles (44,44%) reforçando a sua inadequação para o uso.

Aplicação dos testes e seus resultados

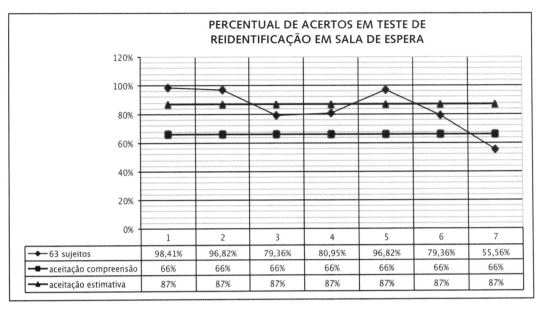

Gráfico 6.9 – Teste de compreensão – referente Sala de Espera

Figura 6.18 – Símbolos de sala de espera com seus números de referência.

Sala de espera – Os **símbolos 1, 2 e 5** conseguiram ultrapassar o grau de aceitação (87%). Os **símbolos 3, 4 e 6** ficaram na faixa de provável aceitação, mais de 66%. O **símbolo 7** foi reprovado.

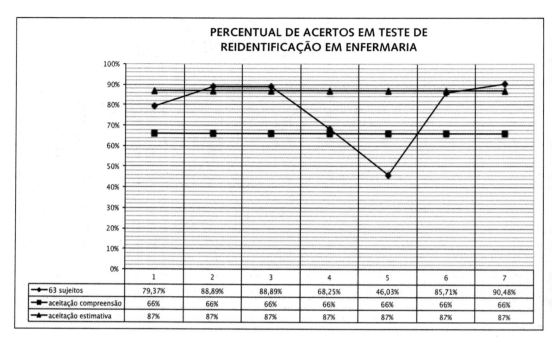

Gráfico 6.1 0 – Teste de compreensão – referente Enfermaria

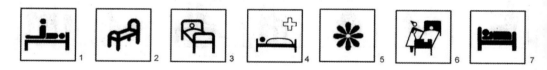

Figura 6.19 – Símbolos de enfermaria com seus números de referência.

Enfermaria – Os **símbolos 2, 3** e **7** conseguiram ultrapassar o grau de aceitação. Os **símbolos 1** e **6** obtiveram valores muito próximos ao de aceitação (79,37% e 85,71%).

Aplicação dos testes e seus resultados

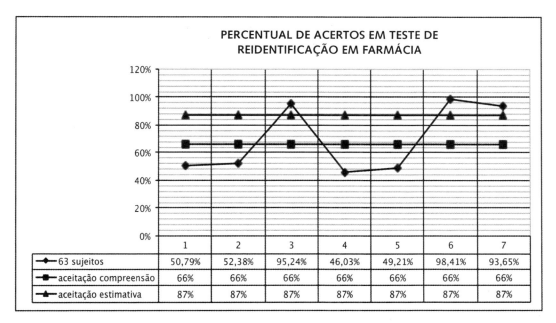

Gráfico 6.1 1 – Teste de compreensão – referente Farmácia

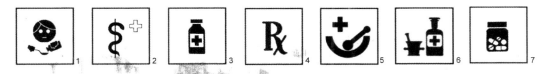

Figura 6.20 – Símbolos de farmácia com seus números de referência.

Farmácia – Três **símbolos 3, 6 e 7** obtiveram valores altos e semelhantes, ultrapassando o grau de aceitação. Enquanto os **símbolos 1, 2, 4 e 5** obtiveram graus ruins e semelhantes no teste de reidentificação. Isso caracteriza como indevido o uso destes símbolos numa sinalização de serviços de saúde e hospitais públicos no Rio de Janeiro.

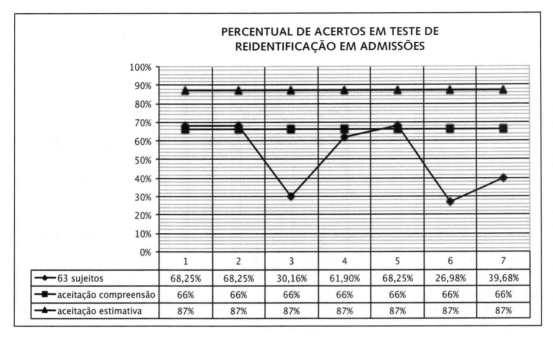

Gráfico 6.12 – Teste de compreensão – referente Admissões

Figura 6.21 – Símbolos de admissões com seus números de referência.

Admissões – Nenhum **símbolo** conseguiu ultrapassar o grau de aceitação. Os **símbolos 1, 2 e 5** obtiveram valores iguais (68,25%) e passíveis de aceitação posterior dependendo da resposta dos outros testes. O **símbolo 4** ficou abaixo dos 66% (61,90%) podendo sofrer alterações em seu desenho para testes futuros. Os **símbolos 3, 6 e 7** obtiveram graus baixos não sendo recomendados para utilização em sinalização de serviços de saúde e hospitais públicos no Rio de Janeiro.

Aplicação dos testes e seus resultados

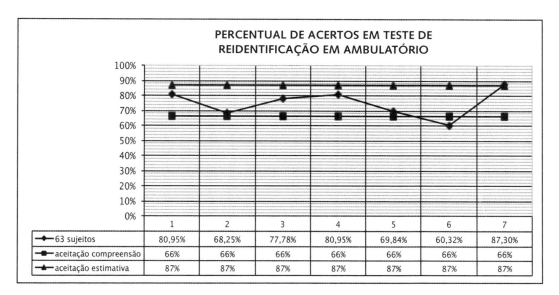

Gráfico 6.13 – Teste de compreensão – referenteAmbulatório

Figura 6.22 – Símbolos de ambulatório com seus números de referência.

Ambulatório – Todos os símbolos obtiveram graus acima de 60%. Apenas o **símbolo 7** conseguiu ultrapassar o grau de aceitação de 87%. Os **símbolos 1, 2, 3, 4** e **5** obtiveram valores passíveis de aceitação posterior (+ de 66%) dependendo da resposta dos outros testes.

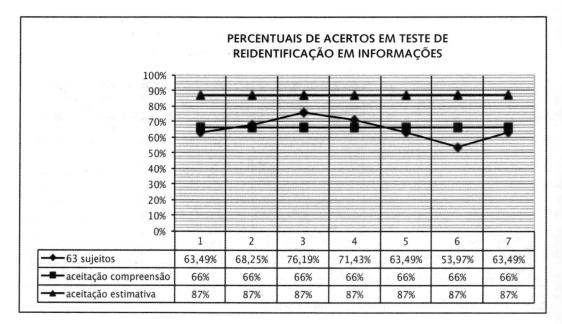

Gráfico 6.14 – Teste de compreensão – referente Informações

Figura 6.23 – Símbolos de informações com seus números de referência.

Informações – Nenhum **símbolo** conseguiu ultrapassar o grau de aceitação de 87%. Os **símbolos 2, 3,** e **4** obtiveram valores acima de 66% portanto passíveis de aceitação posterior dependendo da resposta dos outros testes.

Em comparação com o teste de compreensão que julgou 24 símbolos aceitáveis, o índice deste teste foi menor, apenas **11 símbolos** ultrapassaram o nível de **87%**, proposto nessa pesquisa seguindo o grau de aceitação do teste de estimativa. Isso reafirma que alguns símbolos, apesar de parecerem fáceis de compreender para alguns usuários, são difíceis de memorizar para outros, fortificando a aplicação de testes diferentes para podermos avaliar a compreensibilidade de um símbolo. Porém, comparando este teste com o teste de estimativa, ele teve respostas bem melhores. Logo, vale ressaltar, que os usuários dos serviços de saúde pública do Rio de Janeiro estimam graus muito abaixo para a compreensão dos símbolos em questão pelas outras pessoas.

SÍMBOLOS APROVADOS NO TESTE GERAL DE REIDENTIFICAÇÃO

Geral	Emergência	Sala de Espera	Enfermaria	Farmácia	Admissões	Ambulatório	Informações	Resultado
Símbolos	2	1, 2, 5	2, 3, 7	3, 6, 7	–	7	–	11 símbolos

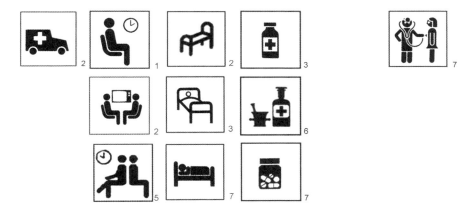

Figura 6.24 – Símbolos aprovados pelo método de reidentificação.

6.7 Teste de estimativa de compreensibilidade

Este método tem como objetivo apurar a opinião dos participantes sobre a compreensibilidade dos símbolos usados. Eles estimam, numa escala de 0 a 100%, o fator de compreensibilidade para cada variante de um referente levando em consideração os usuários daquele serviço, tendo como referência a sua própria pessoa. Sendo um teste de fácil e rápida aplicação, a ISO 9186-2001 propõe este teste como inicial e único para aceitação de um símbolo de informação pública, desde que seja alcançado o grau de 87%. No caso da média ser menor que esse nível, ela recomenda que se recorra ao teste de compreensão.

O teste foi aplicado em julho e agosto de 2001, com 55 sujeitos, sendo que 2 destes tinham menos de 15 anos, por isso foram desconsiderados. Tabulamos então as respostas com 53 sujeitos. Os locais do teste foram: no ambulatório de dermatologia do Hospital Universitário Pedro Ernesto, em Vila Isabel; no Posto de Saúde Píndaro de Carvalho Rodrigues, na Gávea e com empregados, usuários de serviço público de saúde, na UniverCidade.

Como já foi explicado no capítulo referente ao teste piloto para seleção dos símbolos, nossos sujeitos são os clientes de hospitais públicos do Rio de Janeiro, e têm níveis de escolaridade bastante diversos, desde analfabetos até 2º e às vezes 3º grau. Foi então resolvido pela mestranda e acatado pela orientadora a transformação dos percentuais em uma escala pontual de cinco (5) valores pré-estipulados = 0%; 25%; 50%; 75% e 100% para facilitar a aplicação do teste e a compreensão dos sujeitos. Essa escala foi traduzida na pergunta do teste:

Na sua opinião, quantos vão compreender o que o desenho quer dizer?

A – Todos
B – Muitos
C – Metade das pessoas
D – Poucos
E – Ninguém

Foram feitos cadernos para o teste de estimativa de compreensibilidade com páginas formato A4 = 21 x 29,7 cm. Conforme a ISO 9186-2000, foram preparadas, por sorteio, randomicamente, 9 ordens diferentes dos símbolos para cada referente, para disposição dos símbolos em círculo. Cada página do caderno apresentou todos os símbolos usados nos testes para cada referente, todos eles com 3 x 3 cm. A especificação do referente e o contexto de uso dos símbolos foram escritos no meio do círculo. Foram colocados ao lado externo de cada símbolo, quadrados de 1 x 1 cm, para preenchimento da letra correspondente a cada percentual da escala.

Foram criadas 9 tipos de páginas para cada referente, mudando a ordem do símbolo no círculo. Assim se evita que cada símbolo tenha uma posição privilegiada. Foram feitos vários cadernos de 7 páginas A4 (uma para cada referente) e uma capa com a explicação do teste e um exemplo de símbolos para o referente NÃO FUME, e dados do sujeito a serem preenchidos: nome; idade; sexo; escolaridade; profissão; hospital público que costuma freqüentar e a pergunta: Você já participou de algum teste similar? Algumas considerações interessantes foram feitas pelos sujeitos durante o preenchimento.

Alguns sujeitos participantes do teste, depois que preenchiam a capa e entendiam o teste, seja lendo as informações e vendo o exemplo e tirando as dúvidas colocavam uma questão básica, ora na forma de pergunta ora como afirmação: "Como que eu posso garantir que **todos** vão entender ou **ninguém** vai entender?" E assim, em torno de 5 sujeitos descartaram de antemão as letras A e E. Alguns sujeitos, relacionados com classes mais baixas de escolaridade, escolhiam suas respostas entre dois pontos extremos: ex. B e D ou A e E.

AMOSTRA

Tabela 6.4 – características da amostra

TOTAL	54 sujeitos, sendo 53 sujeitos acima de 15 anos
Listagem de sujeitos por sexo	
MASCULINO	23
FEMININO	30
Listagem de sujeitos por idade	
De 15 a 30 anos	18
De 31 a 50 anos	22
mais de 50 anos	13
Listagem de sujeitos por escolaridade	
analfabetos e apenas alfabetizados	4
De 1ª a 5ª série do 1º grau	12
De 6ª a 8ª série do 1º grau	10
De 1ª a 3ª série do 2º Grau	20
3º Grau	7

6.7.1 Resultados

As normas ISO 9186-2001 consideram o nível de 87% como grau mínimo para aceitação de símbolos públicos no teste de estimativa de compreensibilidade. Apresentamos em seguida os símbolos que ultrapassaram esse grau de 87% para cada referente com seus desenhos correspondentes. Os símbolos que obtiveram graus entre 66% e 87%, são considerados passíveis de aprovação para uso mediante a resposta de outros testes.

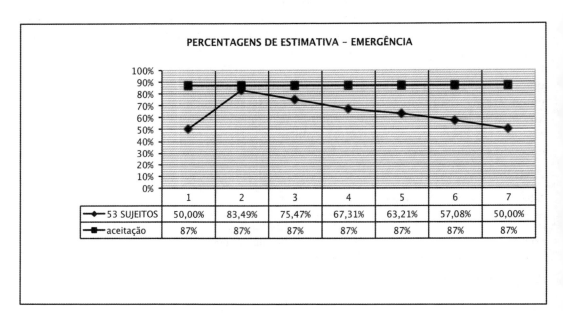

Gráfico 6.15 – Teste de estimativa – referente Emergência

Figura 6.25 – Símbolos de emergência com seus números de referência.

Emergência – Nenhum **símbolo** conseguiu alcançar o grau de aceitação (87%). O **símbolo 2** chegou a 83,49% ficando próximo da aceitação, dependendo da resposta dos

Aplicação dos testes e seus resultados

outros testes. Os símbolos 1 e 7 obtiveram o valor de 50%. Os símbolos 3 e 4 ficaram na faixa entre 66% e 76%. Os outros ficaram na faixa entre 57% e 76%.

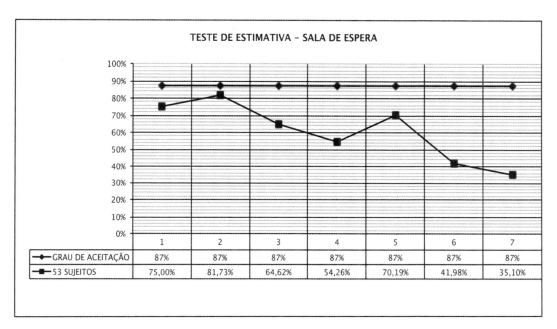

Gráfico 6.16 – Teste de estimativa – referente Sala de espera

Figura 6.26 – Símbolos de sala de espera com seus números de referência.

Sala de espera – Nenhum **símbolo** conseguiu alcançar o grau de aceitação (87%). O **símbolo 2** chegou a 81,73% ficando numa faixa de provável aceitação, dependendo da resposta dos outros testes. O símbolo 1 obteve o valor de 75%. Os outros ficaram na faixa entre 71% e 35%.

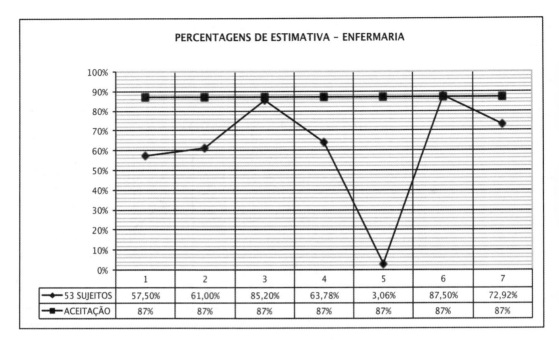

Gráfico 6.17 – Teste de estimativa – referente Enfermaria

Figura 6.27 – Símbolos de enfermaria com seus números de referência.

Enfermaria – Apenas o **símbolo 6** conseguiu ultrapassar o grau de aceitação. O símbolo 3 obteve um valor muito próximo ao de aceitação (85,20%). O **símbolo 5** obteve um péssimo grau de compreensibilidade (3,06%). Isso caracteriza como inadequado o uso deste símbolo numa sinalização de serviços de saúde e hospitais públicos no Rio de Janeiro.

Aplicação dos testes e seus resultados

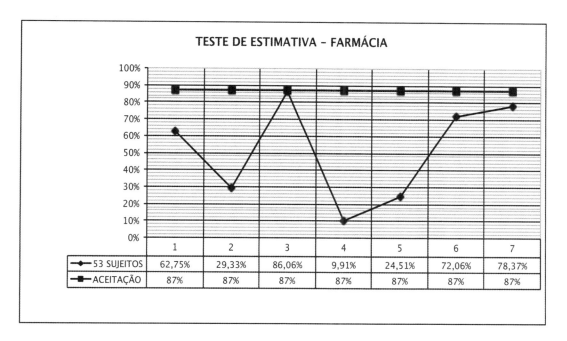

Gráfico 6.18 – Teste de estimativa – referente Farmácia

Figura 6.28 – Símbolos de farmácia com seus números de referência.

Farmácia – Os **símbolos 3, 6 e 7** obtiveram valores passíveis de aceitação posterior (+ de 66%) porém não alcançaram o grau de aceitação. Os **símbolos 4 e 5** tiveram péssimos graus de compreensibilidade. Isso caracteriza como indevido o uso desses símbolos numa sinalização de serviços de saúde e hospitais públicos no Rio de Janeiro.

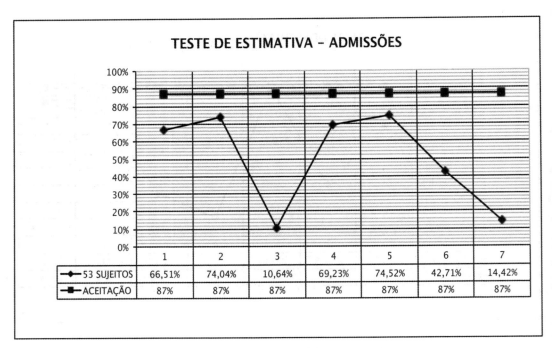

Gráfico 6.19 – Teste de estimativa – referente Admissões

Figura 6.29 – Símbolos de admissões com seus números de referência.

Admissões – Nenhum **símbolo** conseguiu ultrapassar o grau de aceitação. Os **símbolos 1, 2, 4** e **5** obtiveram valores passíveis de aceitação posterior (+ de 66%) dependendo da resposta dos outros testes. Os **símbolos 3** e **7** obtiveram graus baixos de compreensibilidade. Isso caracteriza como indevido o uso destes símbolos numa sinalização de serviços de saúde e hospitais públicos no Rio de Janeiro.

Aplicação dos testes e seus resultados 133

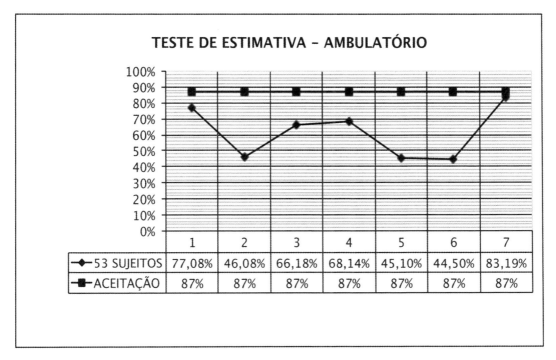

Gráfico 6.20 – Teste de estimativa – referente Ambulatório

Figura 6.30 – Símbolos de ambulatório com seus números de referência.

Ambulatório – Nenhum **símbolo** conseguiu alcançar o grau de aceitação. Os **símbolos 1, 3, 4** e **7** obtiveram valores passíveis de aceitação posterior (+ de 66%) dependendo da resposta dos outros testes. Os **símbolos 2, 5** e **6** obtiveram graus baixos de compreensibilidade. Isso caracteriza como indevido o uso destes símbolos numa sinalização de serviços de saúde e hospitais públicos no Rio de Janeiro.

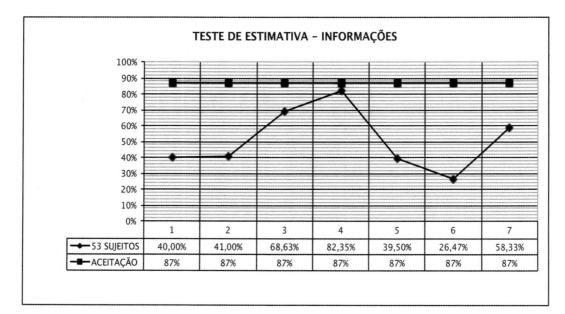

Gráfico 6.21 – Teste de estimativa – referente Informações

Figura 6.31 – Símbolos de informações com seus números de referência.

Informações – O símbolo 4 conseguiram um valor (82,35%) bastante perto do grau de aceitação. O símbolo 3 chegou a um grau de provável aceitação (68,63%), dependendo da resposta dos outros testes. Os símbolos 1, 2, 5 e 6 obtiveram graus baixos de compreensibilidade, caracterizando como indevido o seu uso para comunicação em serviços de saúde e hospitais públicos no Rio de Janeiro.

SÍMBOLOS APROVADOS NO TESTE GERAL DE ESTIMATIVA

Geral	Emergência	Sala de espera	Enfermaria	Farmácia	Admissões	Ambulatório	Informações	Resultado
Símbolos 87%	–	–	6	–	–	–	–	1 símbolo
66%	2, 3, 4	1, 2, 5	3, 4, 7	3, 6, 7	1, 2, 4, 5	1, 3, 4, 7	3, 4	22 símbolos

Figura 6.32 – Símbolos de informações com seus números de referência.

7

Conclusões

7.1 Observações de comportamento e comentários

Durante a aplicação dos testes piloto e dos definitivos, algumas atitudes dos sujeitos foram observadas. Algumas delas nos fizeram refazer os procedimentos, outras devem fazer parte das conclusões da pesquisa pois são importantes na avaliação geral dos resultados.

As mais importantes convém relatarmos, que foram:

- As mulheres e os jovens (até 18 anos) são mais receptivos aos testes.
- Uma apresentação dos pesquisadores feita por uma pessoa conhecida, facilita a aplicação do teste.
- Quando o primeiro sujeito abordado de um banco de ambulatório ou de sala de espera aceita fazer o teste, os outros tendem a aceitar. Quando ele se recusa, quase todos vizinhos também recusam.
- O nível de desconfiança é relacionado ao nível de escolaridade. Quanto mais baixo o nível de escolaridade mais desconfiado é o sujeito. Em geral os sujeitos pensam que estão sendo testados. Confundem os testes com testes psicotécnicos.
- Algumas pessoas não conseguem entender o real que os desenhos representam, caso do sujeito n.º 58. Foi levantada a hipótese também de que ele não enxergue direito. Existem pessoas que não chegaram ao nível do raciocínio abstrato, por isso não conseguem relacionar o bi com o tri-dimensional.
- Foi notada uma dificuldade de diferenciação entre as palavras: ambulatório, admissões e emergência como também a sua memorização. Por esse motivo, no teste

de reidentificação o sujeito poderia dar um sinônimo ou definir o local. No teste de compreensão, conforme a ISO, as respostas eram escalonadas em 7 notas para resolver esse problema (ver teste de compreensão). Mas mesmo assim essas palavras confundem os participantes com nível de escolaridade mais baixa.
- Alguns símbolos tiveram uma interpretação errada, porém, semelhantes entre algumas pessoas. É recomendável considerar-se essa percepção. Ex:

EM ADMISSÕES:

Figura 7.1 – Símbolos de Admissão com interpretações equivocadas.

- desenho da pena de caneta tinteiro – percebida como um homem fazendo barra;
- desenho de um balcão com um atendente e três pessoas (criança, mulher e homem) na frente – percebida como casamento ou missa;
- a maca com a seta encima foi percebida como lugar para sentar – "sente aqui"

EM AMBULATÓRIO:

Figura 7.2 – Símbolos de Ambulatório com interpretações equivocadas.

- estetoscópio – percebido como uma cara de sapo;
- pessoa com braço engessado confundido com ortopedia;
- dedo com curativo confundido com emergência, primeiros socorros;

EM SALA DE ESPERA:

Figura 7.3 – Símbolos de Sala de espera com interpretações equivocadas.

- cadeira em vista lateral percebida como cama ou sofá;
- família em pé – percebida como dia de visita;
- pessoas sentadas de costas – estranheza quanto ao fato de estarem de costas uma para outra;
- cadeira vazia – o fato de estar vazia perde a força da espera e pode ser confundida como loja de cadeira;

EM EMERGÊNCIA:

Figura 7.4 – Símbolos de Emergência com interpretações equivocadas.

- a maca preta vazia ou com a pessoa foi confundida com caixão e morto;
- a lua minguante pode denotar que o serviço só funciona à noite;
- o enfermeiro correndo pareceu um vendedor de laboratório ou um homem procurando emprego;
- a cruz simboliza para a maior parte dos usuários, hospital, podendo confundir com setores.

EM FARMÁCIA

Figura 7.5 – Símbolos de Farmácia com interpretações equivocadas.

- o pilão arrendondado foi confundido com prato de sopa com colher, o que resultou identificação de refeitório de hospital;
- a cara servindo remédio foi muito confundido com pediatria, como uma enfermeira ou mãe servindo o remédio para a criança;
- o erre cortado foi confundido com raio X;
- a cobra pareceu a muitos, símbolo de médico;

EM INFORMAÇÕES:

Figura 7.6 – Símbolos de Informação com interpretações equivocadas.

Conclusões

- o menino apontando foi percebido como brigando;
- as duas mãos acharam que denotava dois caminhos possíveis a seguir;
- com o símbolo da letra i, a maior parte ficava imaginando o que poderia ser;
- o ponto de interrogação, muitos não conseguiam fazer a relação que ele existe no final da pergunta e que ali seria o local para se perguntar;

ENFERMARIA:

Figura 7.7 – Símbolos de Enfermaria com interpretações equivocadas.

- a flor foi confundida com o jardim do hospital e dia de visita;
- o paciente deitado com vista lateral foi confundido com sofá;
- os dois pacientes nas camas em vista lateral pareceu a muitos estarem na mesma cama e assim pensar que fosse símbolo de motel.

Lendo essas observações podemos ter uma idéia bastante aproximada da dificuldade que algumas pessoas têm de entender os símbolos e da diferença do modelo mental do projetista e do usuário.

7.2 Comparação dos índices alcançados no Rio de Janeiro com os usuários de serviços públicos com os graus de aceitação propostos pelas Normas ISO.

As normas ISO, baseadas nos experimentos de Brugger, colocam como patamar para aceitação de uso dos símbolos, o grau de 87% no resultado do teste de estimativa. As normas demonstram que esse índice equivale ao grau mínimo de aceitação de 66% no teste de compreensão, podendo ser considerados aceitos previamente, os símbolos que alcançam 87% no teste de estimativa sem necessidade de se continuar os testes. Wendy Olmstead usa essa referência como base de argumentação na sua pesquisa.

Na nossa pesquisa, apenas **um símbolo do referente enfermaria** conseguiu um percentual de aceitação **maior de 87%**. Alguns **outros símbolos** conseguiram graus **entre 66% e 87%**, o que Brugger destaca como sendo uma faixa possível de confirmação através de outros testes. No teste de compreensão, no entanto, que é um teste mais direto e taxativo, vários símbolos conseguiram ultrapassar o nível de **66% de acerto**, o que nos faz supor que existe para nós, brasileiros, uma incoerência entre os níveis de aceitação dos dois testes. Cabe indagar se de acordo com a nossa cultura, o teste de estimativa tende a definir percentuais menores que os resultados efetivos do teste de compreensão com os mesmos usuários. Talvez seja necessário reavaliar o grau de aceitação do teste de estimativa de compreensibilidade de acordo com a cultura dos países.

7.3 Considerações finais

Considerando os problemas descritos no capítulo 1, podemos concluir que quanto à ineficácia da sinalização de hospitais e serviços de saúde públicos, pesquisas de avaliação de compreensibilidade poderiam contribuir nas escolhas dos símbolos usados nos projetos, tornando as mensagens mais claras e não dependentes de texto, melhorando assim a orientação dos usuários.

Todos os objetivos da pesquisa foram alcançados. Conforme os objetivos relacionados no capítulo 1 conseguimos provar que apenas alguns símbolos usados na sinalização de hospitais e serviços de saúde públicos são compreendidos pelos usuários desses estabelecimentos; que os designers costumam usar fontes estrangeiras para seus projetos de sinalização e como testam suas variáveis, entre eles mesmos.

Os resultados dos testes podem ser considerados como recomendação de uso para os símbolos aceitos.

Os símbolos mostrados neste quadro abaixo são aqueles que conseguiram taxas de acerto em pelo menos dois testes.

Este foi o único símbolo que alcançou a taxa de aceitação no teste de estimativa de compreensibilidade acima de 87% e também foi aceito nos outros dois testes.

Conclusões 143

EMERGÊNCIA

SALA DE ESPERA

EMFERMARIA

FARMÁCIA

ADMISSÕES

AMBULATÓRIO

INFORMAÇÕES

Figura 7.8 – Quadro geral dos símbolos aprovados em pelo menos dois dos testes feitos.

Figura 7.9 – Símbolo aprovado no teste de estimativa de compreensibilidade e nos outros testes.

7.4 Lições aprendidas

Tabulando os resultados dos questionários feitos com designers com mais de 10 anos de experiência constatamos o total desconhecimento por parte deles dos métodos científicos para avaliar compreensibilidade de símbolos gráficos. O único método empírico utilizado por alguns designers foi uma avaliação informal com 3 ou 4 pessoas do escritório ou de sua casa que não são os usuários do projeto em questão.

Os resultados desta pesquisa mostram que existe realmente dificuldade de compreensão dos símbolos gráficos utilizados em sinalização de hospitais e serviços de saúde públicos por seus usuários.

Essa confusão dos usuários: pacientes, visitantes e fornecedores, provoca um desperdício de tempo do staff dos hospitais, como demonstra a pesquisa de Rupert Jansen.

7.5 Metodologia referendada nessa pesquisa podendo ser utilizada por outros pesquisadores mesmo com símbolos diferentes e usuários diferentes

Pode-se aproveitar os métodos, técnicas e procedimentos demonstrados nessa pesquisa para se efetuar outras pesquisas de compreensibilidade mesmo alterando o tipo de usuário e o ambiente no qual ele está inserido.

Dependendo da hipótese, pode-se usar os testes isoladamente ou em conjunto.

É importante ressaltar que o número mínimo da amostra seja de 50 sujeitos para que ela seja efetiva da sua população, como também a importância dos testes de pré-seleção para restringir o número de símbolos a serem testados. Os testes qualitativos podem ser feitos com uma amostragem pequena, como o teste de produção. Os resultados obtidos devem ser sempre comparados conforme métodos estatísticos adequados e consagrados.

Referências bibliográficas

AICHER, Otl & KRAMPEN, Martin. *Sistemas de signos en la comunicación visual.* Barcelona: Gustavo Gilli, 1979.

AIGA – American Institute of Graphic Arts. *Symbol signs. The development of passenger/pedestrian oriented symbols for use in transportation-related facilities.* New York: AIGA, 1974.

BLISS, Charles. *Semantography-Blissymbolics.* Sydney: Semantography-Blissymbolics. Publications, 1968.

BOSISIO Jr., Arthur. Linguagem e Comunicação. In: *Boletim Técnico Senac.* RJ: Senac. ano 3 nº 3., 1977, p. 313-350.

BOSISIO Jr., Arthur. Ambiência gráfica. In: *BoletimTécnico Senac.* RJ: Senac. ano 5 nº 1., 1979, p. 69-87.

BRUGGER, Christof. Public information symbols: a comparison of ISO testing procedures. In: *Visual information for everyday use. Annual Meeting.* The Netherlands: Stichting Public Graphics Research., 1994, p. 26.1 – 26.11.

CARPMAN, J. *Wayfinding in hospitals: solving the maze.* Society of environmental Graphic Designers. HFES, 1987.

_____, GRANT, M. A. e SIMMONS, D.A. *No more mazes, research about design for wayfinding in hospitals.* Washington:Society of environmental Graphic Designers, 1987.

CARR, Stephen. *City signs and lights.Boston: MIT Press,* 1973.

CAVALCANTI, Keila Garrido. *O cartaz: um estudo de caso de campanhas de prevenção da Sífilis e da Aids.*Dissertação de mestrado. RJ: Departamento de Artes e Design, PUC-Rio, 2000.

CHAPANIS, Alphonse , Ph.D. P.A. Some generalizations about generalization. In: VENTURINO, Michael. *Selected readings in human factors.* Santa Mônica, CA, The Human Factors Society. p.11-25, 1990.

COSTA, Joan. *Señalética.* Barcelona: Ediciones Ceac, 1994.

DEWAR, Robert. *Informações públicas.*Stichting Public Graphics Research, Holanda, 1994. Tradução Marcia Ponce de Leon, 2000.

DIETHELM, Walter. *Signet, signal, symbol.* Zürich: ABC Verlag, 1976.

DREYFUSS, H. *Symbol sourcebook.* New York: McGraw-Hill, 1972.

EASTERBY, R. S. *The grammar of sign systems*. Revista Print, 13. 1969. p. 32-35.

EASTERBY, R. S., and ZWAGA, H. *Evaluation of public information symbols, ISO tests: 1975 series* (Report AP 60). Birmingham, UK: Applied Psychology Department, University of Aston at Birmingham, 1976.

ECO, Humberto. *A theory of semiotics.* Bloomington, Indiana Univ. Press., 1976.

EDWORTHY, Judy; ADAMS Austin. *Warning design: a research prospective.* London: Taylor & Francis, 1996

FOLLIS, John e HAMMER, Dave. *Architectural Signing and Graphics.* London: Whitney Library of Design, 1979.

FONTANA, David. *The secret language of symbols: a visual key to symbols and their meanings.* San Francisco: Chronicle Books, 1994.

FORMIGA, E. Ergonomia Informacional: compreensibilidade de símbolos para sinalização de hospitais públicos e unidades de saúde no Rio de Janeiro. Dissertação de mestrado. RJ: Departamento de Artes e Design, PUC-Rio, 2002.

FOSTER, J. J. *Proposed revised method for testing public information symbols.* ISO TC 145/SCI. Geneva, Switzerland: ISO, 1991.

FRUTIGER, Adrian. *Type, Sign, Symbol.* Zurich: ABC Rdition, 1980.

_____. *Signos, símbolos, marcas, señales.* Barcelona: G. Gilli, 1981.

_____. *Signs and symbols: their design and meaning.* New York: Watson-Guptill Publications, 1997.

GORNI, Luis. *Ergonomia de Transporte: informação e segurança veicular de ônibus interurbanos.* Dissertação de Tese. RJ: COPPE, 1996.

GREEN, Paul. Design and evaluation of symbols for automobile controls and displays.In: Automotive Ergonomics. London: Taylor & Francis, 1993, p. 237-268. LANSDALE, M.; JONES, M.; JONES, M. AVisual search in iconic and verbal interfaces In:E. Megaw (ed.) *Contemporary Ergonomics*, London: Taylor and Francis. *1989*, p. 422-429.

International Organization for Standardization (ISO) 3461-1. *General principles for the creation of graphical symbols, Part I: Graphical symbols for use on equipment,* Geneva, Switzerland: ISO, 1988.

International Organization for Standardization (ISO) 7001. *Public information symbols.* Geneva, Switzerland: ISO, 1990.

International Organization for Standardization (ISO)/DIS 9186. *Procedures for the development and testing of public information symbols.* Geneva, Switzerland: ISO, 1988.

International Organization for Standardization (ISO)/DIS 9186. *Procedures for the development and testing of public information symbols.* Geneva, Switzerland: ISO, 2001.

International Organization for Standardization (ISO)/TR 7239. *Development and principles for application of public information symbols.* Geneva, Switzerland: ISO, 1984.

JAYMES, Linda S., e BITES, David B. *The effect of symbols and warning compliance,* USA: HFES, 1993.

KISHNAMI, Nirmal. *Space, signs, information.An evaluation of the wayfinding system at Stansted Airport.*Holanda: Stichting Public Graphics Research, 1994.

KOLERS, P. A. *Some formal characteristics of pictograms.*In: American Scientist, 57, 1969, p. 348-363.

KUWAYAMA, Yasaburo. *Trademarks and symbols of the world.* USA: Studio Vista, 1989.

LAVILLE, Antoine. *L'ergonomie.* Paris: Presses Universitaires de France, 1981.

LEPLAT, Jacques.*La psychologie ergonomique.* Paris: Presses Universitaires de France, 1980, 126 p.

LIN, R. An application of the semantic differential to icon design. In: *Proceedings of the human factors Society 36th Annual Meeting, 1992,* p. 336-340.

LIUNGMAN, Carl G. *Dictionary of symbols.*London : W. W. Norton, 1994.

LYNCH, K. *The image of the city.*Cambridge: The MIT Press, 1960.

MARTINS, Laura e MORAES, Anamaria de. Ergonomia informacional: algumas considerações sobre o sistema humano-mensagem visual. In: Almeida, A.T. de e Ramos, F. de S. Gestão da informação na competitividade das organizações. Recife: Editora UFPE, 2002, p. 165-181.

MAYER, David L. e LAUX, Lila F. *Recognizability and effectiveness of warning symbols and pictorials.* Texas: HFES, 1990.

MODLEY, Rudolf. *Handbook of pictorial symbols.*New York :Dover Publications, 1976.

_____. *The challenge of symbology.*New York:Dover Publications, 1969.

MORAES, A de.*et al.*Do graphic designers understand graphic designs? The comprehensibility of icons of graphic softwares. In *Proceedings of the 12th Triennial Congress of the International Ergonomics Association.*Toronto: IEA, 1994, p. 357-359.

NEURATH, Otto. *Basic by Isotype.* London: K . Paul, Trench, Trubner & Co., 1937.

NOJIMA, Vera Lúcia. Comunicação e leitura não verbal.In:*Formas do design.* RJ: 2AB, 1999.

OLMSTEAD, Wendy T. Cultural differences in comprehension of public information symbol for health care facilities. In: *Visual information for everyday use.Annual Meeting.* p. 511-515.The Netherlands: Stichting Public Graphics Research, 1994, p. 25.1 – 25.11.

OTA, Yukio. *Pictogram Design.*Japão: Kashiwa Shobo Publishers, 1987.

PAVIO, A.*Mental representations.* New York: Oxford University press, 1986.

PIERCE, Todd. *The international pictograms standard.*Ohio: Editora

PVDI, 1996. Programação Visual e Desenho Industrial Ltda. 1999. *Portfolio.* RJ: impressão própria.

SCOTT, William T. *The possibility of communication.* New York : Mouton de Gruyter, 1990.

SMITH-JACKSON, Tonya e WOGALTER, Michael. Aplying cultural ergonomics/human factors to safety information research. In: *Proceedings of IEA 2000/HFES 2000 Congress.* San Diego, CA: HFES, 2000.

TRESIDDER, Jack. *Dictionary of symbols: an illustrated guide to traditional images, icons, and emblems.* San Francisco: Chronicle Books, 1998.

VUCKELICH, Mark e WHITAKER, Leslie A.The effects of context on the comprehension of graphic symbols. In: *Proceedings of the Human Factors Ergonomics Society 37th Annual Meeting.* Nashville: HFES, 1993. p. 511-515.

WALTHER-BENSE, Elisabeth. *A teoria geral dos signos.* São Paulo: Perspectiva, 2000.

WHITNEY, Elwood. *Symbology: the use of symbols in visual communications.* New York: Elwood Whitney, 1960.

WOGALTER, Michael S. Factors influencing the effectiveness of warnings. In: *Visual Information for Everyday Use-* Design and research perspectives. London: Taylor & Francis, 1999, p. 93-110.

ZIGLER,J. E.& FAHNRICH, K. P. Direct manipulation. In HELANDER, Martin. (Ed.) *Handbook of human-computer interaction.* Amsterdam: 1988. p. 377-401.

ZWAGA, Harm J. G. Comprehensibility estimates of public information symbols: their validity and use. In: *Proceedings of the Human Factors Ergonomics Society 33th Annual Meeting.* Denver: HFES, 1989.

_____. Legibility of public information symbols. In: *Proceedings of he Human Factors Ergonomics Society 23th Annual Meeting.* Santa Monica, CA: HFES. 1979, p. 979-983.

ZWAGA, Harm J. G., BOERSEMA, Theo & HOONHOUT, Henriëtte C. M. *Visual information for everyday use.* London: Taylor & Francis, 1999.